行政ウォッチハンドブック

矢野輝雄

信山社

はじめに

　自治体の不正な公金支出（公務員の官官接待のような私的飲食、カラ出張、カラ雇用、カラ会議、カラ接待、裏金作りその他）や不当な公金支出を監視する仕事をすべき監査委員や議会について、かつて、市民オンブズ団体から「眠る議会と死んだ監査委員」と言われ続けていましたが、近年、本書で述べるような行政監視手法を用いた市民オンブズ活動を始めた一部の自治体の議会や監査委員が成果を上げています。

　近年の具体例では、町有体育施設の管理の委託料を年間2,300万円も指定管理者に支払ってきたのに、議会が特別委員会を設置して新たな指定管理者には逆に年間2,500万円を公金会計に収納するという契約を締結させた自治体があります。

　また、違法な公金支出や違法な公金収納を怠る事実に接する機会の多い監査委員が、その職務を行うことにより発見した犯罪行為を告発しています。刑事訴訟法239条2項により、公務員は、その職務を行うことにより犯罪がある思う場合は告発をする義務がありますが、実際には、監査委員による告発はこれまでなされてこなかったのです。

　これらの自治体は、いわば例外に属するもので、いまだに、不正な公金支出をチェックする義務のある自治体の監査委員も議会も十分に機能していません。住民から提出される住民監査請求についても、監査委員は、執行機関の防波堤のように機能して、一部の自治体を除いて住民からの請求を認めようとはしません。

　本書では、行政監視機能を果たすべき監査委員や議会の活用法のほか、次の行政監視手法の活用法を詳しく解説しました。

① 監査委員に対する住民監査請求と監査委員の活用法
② 情報公開条例に基づく公開請求による行政監視手法
③ 議会や執行機関に対する請願と陳情の仕方
④ 最終手段としての裁判制度の活用法
⑤ 自治体の議員の議案提出権を活用する手法

はじめに

　⑥　自治体の議会を活性化する手法
　⑦　自治体の長に対する手法
　⑧　公務員の個人責任を追及する手法
　⑨　指定管理者に対するチェックの手法

　自治体の住民の活用できる行政監視手法は、これらに限られるものではありませんから、これらの手法を参考にして新たな手法を開発してほしいと期待しています。
　なお、本書に解説の根拠となる法律の条数を明記しましたので、解説の分かりにくい箇所では法律の条文を読むと分かりやすくなります。

　平成26年8月

矢　野　輝　雄

【目　次】

はじめに

第1章　住民監査請求の制度は、どのように利用するのですか

Q1　住民監査請求の制度とは、どんな制度ですか……………3
Q2　住民監査請求の対象となる事項と対象者は、
　　　どうなっていますか………………………………………8
Q3　住民監査請求書は、どのように書くのですか…………13
Q4　住民監査請求書は、どのように処理されますか………18

第2章　情報公開の制度は、どのように活用するのですか

Q5　情報公開条例の仕組みは、
　　　どんな仕組みになっていますか…………………………23
Q6　情報公開条例による公開請求書は、
　　　どのように書くのですか …………………………………30
Q7　情報公開条例による公開請求は、
　　　どのように活用するのですか……………………………33
Q8　情報公開条例による非公開処分には、
　　　どう対応するのですか……………………………………38
Q9　個人情報保護条例は、どんな仕組みになっていますか……42
Q10　個人情報保護条例による開示請求書は、
　　　どのように書くのですか……………………………………46

目　次

第３章　請願や陳情の制度は、どのように活用するのですか

- **Q11**　請願や陳情の制度とは、どういうものですか……………51
- **Q12**　請願書や陳情書の書き方は、どうするのですか…………55
- **Q13**　請願書や陳情書は、どのように処理されますか…………60
- **Q14**　請願法の内容は、どうなっていますか………………………63

第４章　裁判制度は、どのように活用するのですか

- **Q15**　民事訴訟の仕組みは、どのようになっているのですか……65
- **Q16**　国家賠償請求訴訟とは、どういうものですか………………70
- **Q17**　住民訴訟とは、どういうものですか …………………………76
- **Q18**　行政処分の取消訴訟とは、どういうものですか……………80
- **Q19**　裁判官の忌避と訴追請求の制度は、どうなっていますか …85
- **Q20**　行政不服審査法の不服申立とは、どういうものですか……91
- **Q21**　行政手続法や行政手続条例は、どのように活用するのですか……………………………………97

第５章　地方議員の議案提出権を活用するには、どうするのですか

- **Q22**　議員の議案提出権とは、どういうものですか……………… 101
- **Q23**　議員の議案提出権を行使する手続は、どうするのですか・104
- **Q24**　100条調査権とは、どういうものですか …………………… 110
- **Q25**　100条調査を求める手続は、どうするのですか…………… 113
- **Q26**　議員の権限と義務には、どんなものがありますか ………… 117
- **Q27**　議会の権限には、どんなものがありますか ………………… 121

目　次

第6章　地方議会の運営は、どのように行われるのですか

- **Q28** 定例会、臨時会とは、どういうものですか ……………… 129
- **Q29** 議案の審議は、どのように行われるのですか …………… 132
- **Q30** 条例の制定は、どのように行われるのですか …………… 137
- **Q31** 予算の審議は、どのように行われるのですか …………… 141
- **Q32** 決算の認定は、どのように行われるのですか …………… 144
- **Q33** 委員会の運営は、どのように行われるのですか ………… 146
- **Q34** 全員協議会とは、どういうものですか …………………… 149

第7章　地方議会と自治体の長に関するその他の制度には、どんなものがありますか

- **Q35** 再議とは、どういうことですか …………………………… 151
- **Q36** 専決処分とは、どういうことですか ……………………… 154
- **Q37** 自治体の長の不信任決議とは、どういうことですか …… 157
- **Q38** 自治体の長の権限は、どのようになっていますか ……… 159
- **Q39** 自治体の事務の検査と監査の請求は、どうするのですか · 162
- **Q40** リコール（解職請求）とは、どういうことですか ……… 166

第8章　公務員の個人責任の追及は、どうするのですか

- **Q41** 告発とは、どういうことですか …………………………… 169
- **Q42** 公務員が公務で刑事責任を負う場合には、どんな場合がありますか ……………………………………… 173
- **Q43** 公務員の懲戒処分を求めるには、どうするのですか …… 180
- **Q44** 虚偽告発の罪とは、どういうものですか ………………… 183
- **Q45** 告発が不起訴処分とされた場合は、どうするのですか … 185

vii

目　次

■■ 第9章　自治体に関するその他の重要な制度には、どんなものがありますか ■■

Q46　監査委員の制度は、どのようになっていますか……………189
Q47　指定管理者の制度とは、どういうものですか………………194
Q48　地方公務員の義務には、どんなものがありますか…………198
Q49　議員の政務活動費とは、どんなものですか…………………204

索　引（207）

● 行政ウォッチハンドブック ●

第1章
住民監査請求の制度は、どのように利用するのですか

Q1 住民監査請求の制度とは、どんな制度ですか

A1

1 住民監査請求とは

(1) 住民監査請求とは、自治体（都道府県と市町村）の執行機関（知事、市町村長、教育委員会、選挙管理委員会、監査委員その他）や職員の「違法又は不当な」公金支出その他の財務会計行為（契約締結、財産管理その他）について、住民が監査委員に対して、その行為の是正・防止・損害の補填のために必要な措置を求める制度をいいます（地方自治法242条）。

(2) 監査委員の監査結果に不服がある場合は、地方裁判所に「住民訴訟」という類型の訴訟を提起することができます。その訴訟手続は通常の民事訴訟と同様になります。住民訴訟を提起するには、事前に必ず住民監査請求を行う必要がありますが、これを「住民監査請求前置主義」といいます。住民監査請求には費用は不要です。

● **住民監査請求制度の要点** ●
1 住民監査請求の対象となる者は、①自治体の長（知事や市町村長）、②教育委員会その他の行政委員会、③監査委員、④職員とされています。
2 住民監査請求の対象となる事項は、「違法又は不当な」①公金支出、②財産の取得・管理・処分、③契約の締結・履行、④債務その

> 他の義務の負担の4つの財務会計行為と、⑤公金の賦課徴収を怠る事実、⑥財産の管理を怠る事実の2つの職務怠慢による不作為とされています。
> 3　請求方法は、住民が監査委員に住民監査請求書を提出します。
> 4　請求内容は、その財務会計行為の①事前の防止、②事後の是正、③損害の補塡その他の必要な措置とされています。怠る事実（不作為）では、①怠る事実を改めること、②損害の補塡その他の必要な措置とされています。

2　監査委員とは

(1)　**監査委員**とは、地方自治法によって自治体（都道府県と市町村）に置かれる執行機関のひとつで、自治体の財務に関する事務の執行や自治体の経営に係る事業の管理を監査する機関をいいます（地方自治法195条1項・199条1項）。

(2)　**監査委員の定数**は、自治体の規模によって次のようになっています。ただし、条例によって定数を増加することができます（地方自治法195条2項）。
　　①　都道府県と人口25万人以上の市では、**4人**
　　②　その他の市と町村では、**2人**

(3)　**監査委員の選任**は、自治体の長が、議会の同意を得て、①人格が高潔で、自治体の財務管理、事業の経営管理その他行政運営に関し優れた識見を有する者と②議員の中から選任します。この場合の議員の中から選任する監査委員の数は、①**都道府県と人口25万人以上の市では2人又は1人**とし、②**その他の市と町村では1人**とされています（地方自治法196条1項）。

(4)　監査委員は、自治体の常勤の職員や短時間勤務職員と兼ねることはできません（地方自治法196条3項）。

(5)　識見を有する者の中から選任される監査委員は、常勤とすることができます（地方自治法196条4項）。都道府県と人口25万人以上の市では、識見を有する者の中から選任される監査委員のうち**少なくとも1人は常勤**とする必要があります（地方自治法196条5項）。

(6) **監査委員の任期**は、①識見を有する者の中から選任される監査委員は4年とし、②議員の中から選任される監査委員は議員の任期とされています。ただし、後任者が選任されるまでの間は、その職務を行うことができます（地方自治法197条）。

(7) 代表監査委員として、①監査委員の定数が3人以上の場合は、識見を有する者の中から選任される監査委員の1人を、②定数が2人の場合は、識見を有する監査委員を代表監査委員とする必要があります（地方自治法199条の3）。

3 住民監査請求のできる期間と監査結果を出す期間

(1) 住民が監査委員に対して住民監査請求をすることができる期間は、その財務会計行為（例えば、公金支出）のあった日又はその行為の終わった日（例えば、契約の履行の終わった日）から「1年以内」とされています。ただし、正当な理由がある場合には、1年経過後でも住民監査請求をすることができます（地方自治法242条2項）。正当な理由とは、天災地変により住民監査請求が不可能であった場合や財務会計行為が秘密裡に行われ住民が知ることができなかったような場合をいいます。裁判例では、正当な理由をほとんど認めていません。

(2) 怠る事実（公金の賦課徴収を怠る事実と財産の管理を怠る事実）については、その不作為の性質上、1年以内の期間の制限を受けません。例えば、財産の管理を怠る事実の例では、市有地を5年間不法に占有している場合には1年間の期間の制限はありません。

(3) 監査委員が監査結果を出す期間は、**住民監査請求があった日から60日以内**とされています（地方自治法242条5項）。ただし、住民監査請求書に不備があり補正をした場合には補正に要した日数は60日に算入しません。

(4) 監査委員の監査結果には、①**棄却**（住民の請求には理由がないとして請求を認めない結論）、②**勧告**（住民の請求には理由があるとして請求を認める結論）、③**却下**（住民の請求は不適法であるとして監査に入らず門前払いにする結論）があります。実務では、①の棄却が大部分で、②の勧告は極めて少数しかありません。

第1章　住民監査請求の制度は、どのように利用するのですか

4　住民監査請求ができる者の範囲

(1)　住民監査請求ができる者（請求権者）の範囲は、その自治体（都道府県や市町村）の住民に限られています。この場合の住民には、①**自然人**（人間のこと）のほか、②会社のような**法人**（自然人以外で権利の主体となれるもの）や③法人でない**団体**（例えば、市民運動団体、趣味団体、市民オンブズマン団体）も含まれます。

(2)　住民であるという要件は、①住民監査請求書の提出時点で満たしていることが必要であると同時に、②住民監査請求の手続の行われている間（提出時点から60日間）は継続して満たしていることが必要です。従って、この期間中に住民監査請求人が他の自治体に転居をしたり、死亡した場合には住民監査請求は却下（門前払い）とされます。

(3)　住民訴訟は、住民監査請求をした者に限って提起することができますが、住民訴訟の係属中（審理中）も住民の要件を満たしていることが必要ですから、住民訴訟を提起する場合には、他の自治体への転居や死亡に備えて、複数の者で住民監査請求を行うほか、住民訴訟の原告にも複数の者がなっておくことが大切です。

5　住民監査請求と類似の事務の監査請求の制度

(1)　住民監査請求と類似の「事務の監査請求」の制度として、選挙権を有する者（有権者）の総数の50分の1以上の者の連署をもってその自治体の監査委員に対して自治体の事務の執行に関して監査の請求をすることができる制度があります（地方自治法75条）。例えば、有権者が1万人の場合なら200人以上ですが、有権者数が多い場合には署名を集めるのが困難ですから、実際には住民監査請求の制度が利用されます。

(2)　この事務の監査請求の制度では、監査の対象は自治体の事務全般であり、監査請求の期限や監査の実施期間の定めはありません。住民訴訟のような制度もありませんから、実務では、あまり活用されていません。

6　契約による外部監査人の制度

(1)　契約による外部監査人の制度として、①住民監査請求に併せて請求する外部監査人との個別外部監査契約に基づく監査（地方自治法252条の43）と、②自治体が公認会計士その他の者と締結する包括外部監査契約に基づく監査があります（地方自治法252条の36）。

(2)　個別外部監査契約に基づく監査は、監査委員の監査に代えて契約に基づく監査によることを条例により定める自治体の住民に限って請求をすることができます。このような条例のない場合には、住民監査請求しかすることができません。

(3)　包括外部監査契約に基づく監査は、自治体が毎会計年度ごとに外部の専門家（公認会計士その他）1人との間で特定の監査事項を定めて又は定めないで契約を締結して監査を実施します。

Q2 住民監査請求の対象となる事項と対象者は、どうなっていますか

A2

1　住民監査請求の対象となる事項

(1)　住民監査請求の対象となる事項は、次の「違法又は不当な」4種類の財務会計行為と、「違法又は不当な」2種類の怠る事実（職務怠慢による不作為）とされています（地方自治法242条1項）。この場合の「違法」とは、法令や条例に違反することをいい、「不当」とは、法令や条例には違反しないものの妥当でないことをいいます。

> ①　違法又は不当な公金の支出　　　　　　　　　　　（財務会計行為）
> ②　違法又は不当な財産の取得・管理・処分　　　　　（財務会計行為）
> ③　違法又は不当な契約の締結・履行　　　　　　　　（財務会計行為）
> ④　違法又は不当な債務その他の義務の負担　　　　　（財務会計行為）
> ⑤　違法又は不当な公金の賦課・徴収を怠る事実　（職務怠慢による不作為）
> ⑥　違法又は不当な財産の管理を怠る事実　　　　（職務怠慢による不作為）

(2)　違法又は不当な公金の支出

公金とは、法令上、自治体の管理に属する金銭をいいます。公金の支出には、次の①支出負担行為、②支出命令、③支出の3つの手続が含まれます。

①　支出負担行為とは、法令や予算に基づいて決定される支出の原因となる契約その他の行為をいいます（地方自治法232条の3）。例えば、公共工事の請負契約、物品の購入契約、補助金の交付決定、退職金の支出決定があります。支出負担行為は予算の執行行為ですから、自治体の長が決裁権限を有しますが、自治体の内部規則で自治体の長の委任を受けた者や部長・課長その他の専決権者（常時、長に代わって決裁できる者）によっても処理されています。

②　支出命令とは、自治体の長又は長の委任を受けた者若しくは専決権者

Q2　住民監査請求の対象となる事項と対象者は、どうなっていますか

が支出負担行為による債務が確定した旨を出納機関（会計管理者）に対して通知し支出を命令する行為をいいます（地方自治法232条の4）。例えば、公共工事が契約通りに完成した旨を通知し工事請負代金の支出を命令するような場合です。

③　支出とは、会計管理者（出納機関）が自治体に対する金銭債権を有する者に対して現金の交付その他の手段により支払いをする行為をいいます。会計管理者は、支出命令を受けた場合でも、その支出負担行為が法令や予算に違反していないことと支出負担行為に係る債務が確定していることを確認したうえでなければ、支出をすることはできません（地方自治法232条の4第2項）。

支出負担行為（契約その他の行為）…長その他の権限者（命令機関）
　↓
支出命令　　　　　　　　　　　…長その他の権限者（命令機関）
　↓
支出負担行為の確認　　　　　　…会計管理者（出納機関）
　↓
支出（支払）　　　　　　　　　…会計管理者（出納機関）

(3)　違法又は不当な財産の取得・管理・処分

この場合の財産とは、次に述べる①公有財産、②物品、③債権、④基金をいいます（地方自治法237条1項）。これらの財産を取得・管理・処分をする執行機関や職員の行為が住民監査請求の対象となります。

①　公有財産とは、自治体の所有する財産で、(a)行政財産（庁舎のような公用財産と公園のような公共用財産）と、(b)普通財産（行政財産以外の財産）に分けられます。公有財産の例としては、土地、建物、船舶、航空機、地上権、地役権、特許権、著作権、株式、社債、地方債、国債があります（地方自治法238条1項）。

②　物品とは、自治体の所有する動産（不動産以外の物で現金、公有財産、基金以外のもの）と、自治体が使用のために保管する動産をいいます（地方自治法239条1項）。

③　債権とは、金銭の給付を目的とする自治体の権利をいいます（地方自治法240条1項）。例えば、税債権、使用料債権、手数料債権、貸付料債

第 1 章　住民監査請求の制度は、どのように利用するのですか

権、損害賠償請求権、不当利得返還請求権があります。
　④　基金とは、自治体の条例により特定の目的のために財産を維持し、資金を積み立て、又は定額の資金を運用するために設けられたものをいいます（地方自治法241条1項）。例えば、学校建設のために積み立てる基金、資金の貸付のための基金があります。

(4)　違法又は不当な契約の締結・履行
　契約の締結・履行とは、自治体を一方の当事者とする売買契約、請負契約、交換契約、賃貸借契約その他の財産上の契約締結や履行をする執行機関や職員の行為をいいます。自治体の契約は、①原則として一般競争入札によりますが、②例外として政令の定める場合に限り(a)指名競争入札、(b)随意契約、(c)せり売りの方法によることができます（地方自治法234条1項・2項）。

(5)　違法又は不当な債務その他の義務の負担
　債務その他の義務の負担とは、自治体に財産上の義務を生じさせる執行機関や職員の行為をいいます。例えば、予算措置のない補助金の交付決定、予算で定めた額を超える借入金の決定、予算措置のない職員の昇給決定があります。

(6)　違法又は不当な公金の賦課・徴収を怠る事実
　公金の賦課・徴収とは、自治体が法令や条例の規定に基づき特定の者に対して具体的な金銭給付義務を発生させ、それを強制的に徴収することをいいます。賦課とは、地方税、使用料、手数料その他の法令や条例の規定に基づいて納付を命ずる処分をいいます。徴収とは、これらの歳入について納付がない場合に督促や滞納処分の手続により強制的に取り立てることをいいます。

(7)　違法又は不当な財産の管理を怠る事実
　財産の管理を怠る事実とは、自治体の財産である①公有財産（行政財産と普通財産）、②物品、③債権、④基金の管理についての執行機関や職員の職務怠慢による不作為をいいます。例えば、自治体の所有する土地が不法占有されているのに何らの措置も取らずに放置しているような場合です。

2　住民監査請求の対象となる者

(1)　住民監査請求の対象となる者は、自治体（都道府県と市町村）の①長、

Q2　住民監査請求の対象となる事項と対象者は、どうなっていますか

②委員会、③委員、④職員の4者とされています（地方自治法242条1項）。

> ①　長とは、都道府県知事と市町村長をいいます。
> ②　委員会とは、教育委員会、選挙管理委員会、人事委員会、公安委員会、農業委員会、収用委員会その他の行政委員会をいいます。
> ③　委員とは、監査委員をいいます。
> ④　職員とは、議会の議員を除くすべての職員をいいますから、一般職のほか特別職も含まれます。知事や市町村長の補助機関の職員に限らず、委員会や監査委員の事務を行う職員も含まれます。

(2)　住民監査請求は、自治体の①長、②委員会、③委員、④職員の「違法又は不当な」公金支出その他の財務会計行為や怠る事実（職務怠慢による不作為）を対象とするものですから、住民監査請求の対象とする者を指定していない場合には必要要件の不備として住民監査請求が却下されます。住民監査請求の対象とする者の指定は、例えば、知事、市長、町長、監査委員、本件公金支出につき責任を有する職員のような指定で足り具体的な氏名の記載までは不要です。

(3)　同一事件で対象者が複数いる場合は、1通の住民監査請求書に複数の者を指定します。例えば、特定の公金支出について対象者が複数いる場合でも、別々の住民監査請求書を提出する必要はありません。しかし、住民監査請求の対象とする事項が異なる場合（例えば、補助金Aの公金支出と助成金Bの公金支出）は、対象とする事項ごとに別の住民監査請求書を提出します。

3　住民監査請求により求めることのできる措置

> ①　違法又は不当な財務会計行為の「事前の防止」
> ②　違法又は不当な財務会計行為の「事後の是正」
> ③　違法又は不当な財務会計行為の「損害の補填」
> ④　違法又は不当な怠る事実について「怠る事実を改めること」
> ⑤　違法又は不当な怠る事実による「損害の補填」

(1)　住民監査請求人は、「違法又は不当な」公金支出その他の財務会計行為や怠る事実（職務怠慢による不作為）があると認めた場合は、住民監査請求の対象とする事項と対象者となる者を特定して、監査委員に対して、上記のよう

第 1 章　住民監査請求の制度は、どのように利用するのですか

な「必要な措置」を請求することができます（地方自治法242条1項）。

(2)　これらの必要な措置は、住民訴訟では、例えば、行為の差止請求、行政処分の無効確認請求、損害賠償請求、不当利得返還請求、原状回復請求、妨害排除請求のような訴訟を提起することになりますが（Q17参照）、監査委員は、上記の措置に限定されるものではなく、例えば、違法な公金支出について責任を有する職員の降任・降級その他の分限処分、免職・減給その他の懲戒処分のような必要な措置を勧告することもできます。

(3)　監査委員は、住民監査請求があった場合に、次の要件を満たしたときは、監査結果が出るまでの間、当該行為を暫定的に停止すべきことを勧告することができます（地方自治法242条3項）。

① 監査請求の対象となった行為が違法であると思料するに足りる相当な理由があること。
② その行為により当該自治体に生ずる回復の困難な損害を避けるため緊急の必要があること。
③ その行為を停止することによって人の生命又は身体に対する重大な危害の発生の防止その他公共の福祉を著しく阻害するおそれがないこと。

この場合の勧告は、住民監査請求人に通知されるほか、公表されます。この勧告には執行機関を拘束する法的効力はないものの、執行機関には勧告を尊重することが期待されています。

Q3 住民監査請求書は、どのように書くのですか

A3

1 住民監査請求書の書式

(1) 住民監査請求書の書式は、地方自治法施行規則13条に「職員措置請求書様式」として定められていますが、この様式に記載されている事項が全部記載されておれば、どのような様式でもかまいません。実務上は、次の記載例のような「住民監査請求書」の表題の書式が用いられています。

(2) 従来の監査委員の監査に代えて個別外部監査契約に基づく監査によることができることを条例で定めている自治体（例えば、都道府県や県庁所在市）の住民は、次の記載例のように「監査委員の監査に代えて個別外部監査契約に基づく監査によることを求める理由」を記載して住民監査請求をすることができます（地方自治法252条の43第1項）。

(3) 個別外部監査契約に基づく監査を請求する場合は、次の記載例の通りとしますが、個別外部監査契約に基づく監査を請求することができない自治体（例えば、町や村）の場合は、記載例の（　）括弧部分を記載しません。次の記載例は、一般的な違法な公金支出に対する住民監査請求の例です。

【記載例】

住民監査請求書

平成○年○月○日

○県監査委員　殿

　　　　　　　　　請求人（住所）　　○県○市○町○丁目○番○号
　　　　　　　　　　　　（氏名）　　（署名をする）　　　　（印）
　　　　　　　　　　　　（職業）会社員　（電話）000-000-0000

　下記の通り地方自治法第242条第1項の規定により別紙事実証明書を添え、

第1章　住民監査請求の制度は、どのように利用するのですか

必要な措置を請求する。（併せて、同法第252条の43第1項の規定により、当該請求に係る監査について、監査委員の監査に代えて個別外部監査契約に基づく監査によることを求める。）

記

第1　請求の要旨

　別紙事実証明書（①平成○年○月○日付○新聞30頁の記事写し、②平成○年○月○日起案の執行伺兼支出命令書写し）の記載によると、氏名不詳の○県職員は、法令上及び条例上の根拠もないのに、○○に対する補助金名目の金員を違法に支出した事実が認められるが、本件公金支出は、地方自治法第242条第1項に規定する違法な公金支出に該当するものである。

〔公金支出の違法性について述べる。文字数の制限はない。〕

　結局、本件公金支出は、必要のない公金支出を違法とする地方自治法第232条第1項に違反し、自治体は最少の経費で最大の効果を上げる必要があるとする同法第2条第14項にも違反し、自治体の経費はその目的を達成するための必要かつ最少の限度を超えて支出することができないとする地方財政法第4条第1項の各規定に違反する違法な公金支出なのであって、地方自治法第242条第1項に規定する違法な公金支出に該当するものである。

　よって、本件請求人は、○県監査委員が、上記事実証明書記載の違法な公金支出について責任を有する者に対して、当該損害の補填を求めるほか、責任を有する職員への懲戒処分その他の必要な措置を講ずるよう○県知事に対して勧告することを求める。

（第2　監査委員の監査に代えて個別外部監査契約に基づく監査によることを求める理由　住民監査請求の分野においては、従来の監査委員の制度は、全く機能しておらず、信用できないので、個別外部監査契約に基づく監査を求める必要がある。）

以上

【書き方の説明】

① 　請求書の表題は、「住民監査請求書」又は「職員措置請求書」とします。

② 　用紙のサイズは決まっていませんが、一般にA4サイズの用紙を使用して横書き・片面印刷とします。提出通数は、1通です。

③ 　2行目の日付は請求書の作成日とします。監査委員への提出は、郵送又は持参となりますが、郵送が便利です。

④ 　請求書の宛先は、提出先の自治体の監査委員あてとします。例えば、

○県監査委員、○市監査委員、○町監査委員のように記載します。監査委員の氏名の記載は不要です。

⑤　請求人の住所、氏名、職業、連絡先電話番号を記載しますが、氏名は署名（サイン）が必要です。氏名の後に押印（認め印）をします。職業は、例えば、会社員、自営業、農業、漁業、無職のように簡潔に記載します。

⑥　個別外部監査契約に基づく監査によるかどうかは監査委員が決定しますから、監査委員がこれを認めることはほとんどありません。認められない場合には、従来の監査委員が監査を行うことになります。

⑦　上の記載例に「別紙事実証明書を添え」と記載している通り、監査の対象となる事実を証明する書類を添付する必要があります。事実証明書として何を添付するのかは決まっていませんが、典型的な例としては、①違法又は不当な公金支出や怠る事実を報道した新聞記事の写し、②情報公開条例による公開請求によって取得した会計書類その他の文書の写し、③自治体の長に対する照会書への回答文書の写しがあます。

⑧　監査請求の対象者を特定する必要がありますが、氏名までの特定は必要ありません。例えば、「責任を有する者」のように特定します。

⑨　記載例に引用した次の条数は、公金支出の違法性の根拠とした条文ですが、住民監査請求でよく用いられる条文です。

　ア　地方自治法232条1項は、「普通地方公共団体は、当該普通地方公共団体の事務を処理するために必要な経費その他法律又はこれに基づく政令により当該普通地方公共団体の負担に属する経費を支弁するものとする」と規定しています。

　イ　地方自治法2条14項は、「地方公共団体は、その事務を処理するに当たっては、住民の福祉の増進に努めるとともに、最少の経費で最大の効果を挙げるようにしなければならない」と規定しています。

　ウ　地方財政法4条1項は、「地方公共団体の経費は、その目的を達成するための必要且つ最小の限度をこえて、これを支出してはならない」と規定しています。

⑩　記載例の（　）括弧の部分（記載例の第2の部分と請求文言中の「併せて、同法第252条の43第1項の規定により、当該請求に係る監査について、監査委員の監査に代えて個別外部監査契約に基づく監査によることを求める」の部分）については、個別外部監査契約に関する条例のある自治体に限り

⑪　住民監査請求は、請求対象の財務会計行為のあった日又は終わった日から1年を経過した場合には、正当な理由のない限り、これをすることができませんから、1年を経過している場合には「正当の理由」を記載する必要があります。怠る事実（公金の賦課徴収を怠る事実と財産の管理を怠る事実）については1年の制約はありません。

2　住民監査請求書の監査委員による要件審査の内容

(1)　住民監査請求書を監査委員事務局に持参した場合は、事務局職員が監査委員の行う審査のうち形式的なチェックをして補正（訂正）を求める場合があります。形式的な誤りで補正をしてもよいと考える場合には、その場で補正します。しかし、補正を求める権限は監査委員しかありませんから、補正をする必要がないと考える場合は、補正をせずに監査委員に回付して貰います。

(2)　住民監査請求書を監査委員あてに郵送した場合は、監査委員が補正の必要を認めた場合には、郵便で補正を求められます。この補正をしなかった場合は、住民監査請求は却下（門前払い）とされます。監査委員により却下された場合でも住民訴訟の提起は可能ですが、裁判所で適法な住民監査請求を経ていないと判断された場合は訴え自体が却下されます。

(3)　監査委員による住民監査請求書の**要件審査のポイント**は次の通りです。
　①　請求の要旨に次の事項が記載されているか
　　ア　対象とした財務会計行為や怠る事実は特定されているか
　　イ　対象者の執行機関や職員は特定されているか
　　ウ　違法又は不当とする根拠は記載されているか
　　エ　必要な措置の内容（損害の補塡、事前の防止その他）の記載はあるか
　②　事実証明書は添付されているか
　　（形式的に添付されておれば足り、内容に不足があるか否かは問わない）
　③　請求人の住所、氏名、職業、電話が記載されており押印はあるか
　④　請求人の氏名は署名（サイン）がなされているか
　⑤　表題、請求年月日、宛先は記載されているか
　⑥　財務会計行為については請求期間の「1年経過」はないか

⑦　請求期間の１年を経過している場合は「正当な理由」の記載はあるか

(4)　住民監査請求書の適法性の要件審査について次のような**チェックリスト**を使用している自治体もあります。

> A　次の形式的要件を満たしているか
> 　①　監査請求の対象者は特定されているか（責任を有する者という記載でもよい）
> 　②　請求人の資格はあるか（その自治体内に住所があるか）
> 　③　請求対象の行為又は怠る事実を証する事実証明書は添付されているか
> 　④　請求の期限の１年を経過していないか（怠る事実では期限の制限はない）
> B　次の実質的要件を満たしているか
> 　①　請求対象の財務会計行為又は怠る事実は特定されているか
> 　②　請求事項を具体的に特定することができるか
> 　③　違法又は不当とする事実が具体的かつ客観的に示されているか
> 　④　自治体に損害発生の可能性が認められるか

以上のＡ及びＢのすべての要件を満たした場合にのみ住民監査請求の適法性が認められるとしています。これらのいずれかの要件を満たさないと監査委員が判断をした場合は、不適法な住民監査請求として「却下」の処理がなされます。ただ、この場合の却下の判断は、監査委員の判断に過ぎませんから、住民訴訟を提起することは可能ですが、裁判所でも不適法と判断された場合は、住民訴訟が却下されます。

(5)　**監査委員が違法な却下をした場合**に監査委員の違法な公権力の行使として、これに対する国家賠償法による国家賠償請求訴訟の提起が認められるかどうかについては次の通り裁判例は分かれています。
　①　訴訟の提起を否定する裁判例は、住民監査請求を求める地位は、公益的公法的なものであって個人の私的利益ではないので国家賠償請求の保護の対象とはならないとしています。
　②　訴訟の提起を肯定する裁判例は、住民監査請求権は地方自治法により個人に与えられた権利であり住民監査請求の結果が個人の権利・地位に影響を及ぼさないからといって、違法な却下に対して国家賠償請求が認められないわけではないとしています。

17

第 1 章　住民監査請求の制度は、どのように利用するのですか

Q4
住民監査請求書は、どのように処理されますか

A4

1　住民監査請求書の処理の流れ

住民監査請求書の処理の流れは、次のようになります。

> **住民監査請求書の提出**
> ①　請求人は請求書を住所地の自治体の監査委員あてに提出します。
> ②　提出方法は持参でも郵送でもかまいません。
> ③　監査委員事務局職員は請求書の「受付」をします。

> **住民監査請求書の審査**
> ①　監査委員は請求書の不備を認めた場合は請求人に補正を求めます。
> ②　補正した場合や不備のない場合には「受理」をします。
> ③　監査委員が請求を不適法と判断した場合は、監査委員は「却下」をして請求人に通知をします。

> **監査の実施**
> ①　監査委員は請求人に証拠の提出と陳述の機会を与える必要があります。
> ②　監査委員は緊急の必要その他の要件を満たす場合に監査手続が終了するまでの間、財務会計行為の停止を勧告することができます。

> **監査結果の決定**
> ①　監査委員の監査と勧告は、請求のあった日（受付日）から60日以内に行う必要があります。60日の計算は、「受理日」でなく「受付日」から計算します。
> ②　監査や勧告の決定は、監査委員の合議によります。

Q4　住民監査請求書は、どのように処理されますか

```
A  請求に理由なし    → 請求人への通知と公表 → 住民訴訟の提起
    棄却
B  請求に理由あり    → 請求人への通知と公表 → 住民訴訟の提起
    勧告
```

① 請求に理由なしとして「棄却」された場合は、住民訴訟を提起することができます。請求自体を不適法として「却下」した場合も、住民訴訟を提起することができますが、裁判所が監査委員の却下を妥当と判断した場合は、住民訴訟が却下されます。
② 請求に理由ありとした勧告の内容に不服がある場合も、住民訴訟を提起することができます。勧告を受けた自治体の長その他の執行機関又は職員、議会は、勧告に示された期間内に必要な措置を講ずるとともに、その旨を監査委員に通知する必要があります。この場合は、監査委員は、当該通知に係る事項を請求人に通知し、かつ、これを公表する必要があります。
③ 監査結果に不服がある場合でも監査委員に対して不服申立をする制度はありません。住民訴訟の提起に限られています。

2　住民監査請求書の処理の手順

(1)　住民監査請求書の提出は、請求人の住所地の自治体の監査委員あてに郵送するか持参して提出します。持参した場合は、監査委員事務局職員が形式的な確認をして「受付」をします。監査期間の60日の計算は受付日から計算します。

(2)　住民監査請求書の受付後に監査委員は記載事項に不備がないかどうかを審査します。不備があった場合は、監査委員は、請求人に対して期限を定めて補正（訂正）を求めます。請求人が補正に応じない場合は不適法な請求として却下されます。却下された場合でも住民訴訟を提起することはできますが、裁判所が監査委員の却下を妥当と認めた場合には住民訴訟自体が却下されますので、可能な限り補正に応じるのが得策です。

第 1 章　住民監査請求の制度は、どのように利用するのですか

(3)　監査委員は、住民監査請求書に不備のない場合や補正がなされた場合には「受理」をして監査の実施に着手します。監査期間の 60 日の起算日は受理日ではなく受付日となります。

(4)　監査委員は、監査を行うに当たっては、請求人に対して①証拠の提出と②陳述の機会を与える必要があります（地方自治法 242 条 6 項）。陳述は口頭の陳述に限られませんから、陳述する事項を記載した「陳述書」を提出することもできます。陳述は代理人によって行うこともできますが、その場合には委任状を提出することが必要です。①証拠の提出も、②陳述も請求人の権利ですから、必要がないと考えた場合は、いずれもする必要はありません。

(5)　監査委員は、請求人から陳述の聴取を行う場合又は自治体の長その他の執行機関若しくは職員から陳述の聴取を行う場合に、必要があると認めるときは、自治体の長その他の執行機関若しくは職員又は請求人を立ち会わせることができます（地方自治法 242 条 7 項）。

(6)　監査委員は、住民監査請求の対象とされた行為が①違法であると思う相当の理由があり、②その行為により自治体に生ずる回復の困難な損害を避けるため緊急の必要があり、かつ、③その行為を停止することにより人の生命又は身体に対する重大な危害の発生の防止その他公共の福祉を著しく阻害するおそれがないと認める場合は、自治体の長その他の執行機関又は職員に対し、理由を付して監査の手続が終了するまでの間、その行為を停止すべきことを勧告することができます。この場合は、その勧告内容を請求人に通知し、公表する必要があります（地方自治法 242 条 3 項）。

(7)　監査委員は、住民監査請求があった場合は、監査を行い、①請求に理由がないと認める場合は、理由を付してその旨を書面により請求人に通知するとともに公表する必要があります。一方、②請求に理由があると認める場合は、その自治体の議会、長その他の執行機関又は職員に対し期間を示して必要な措置を講ずべきことを勧告するとともに、その勧告内容を請求人に通知し公表する必要があります（地方自治法 242 条 4 項）。

(8)　監査委員による監査結果や勧告の決定は、監査委員の合議により決定します（地方自治法 242 条 8 項）。

(9)　監査委員の勧告があった場合は、その勧告を受けた議会、長その他の執行機関又は職員は、その勧告に示された期間内に必要な措置を講ずるとともに、その旨を監査委員に通知する必要があります。この場合には、監査委員は、その通知された事項を請求人に通知するとともに公表する必要があります（地方自治法242条9項）。

(10)　監査委員の監査結果や勧告内容に不服のある請求人は、その監査結果又は勧告内容の通知のあった日から30日以内にその自治体の事務所（都道府県庁や市町村役場）所在地を管轄する地方裁判所本庁に住民訴訟を提起することができます（地方自治法242条の2）。

第2章
情報公開の制度は、どのように活用するのですか

Q5 情報公開条例の仕組みは、どんな仕組みになっていますか

A5

1 情報公開条例とは

(1) 情報公開条例とは、自治体（都道府県と市町村）の住民に行政機関の保有する情報を開示させる権利（情報公開請求権）を保障した条例をいいます。条例とは、都道府県や市町村の議会の制定した法規をいいます。情報公開条例の名称は、一般に「〇県情報公開条例」、「〇市情報公開条例」、「〇町情報公開条例」、「〇村情報公開条例」というような名称が付けられています。

(2) 自治体の情報公開条例が制定される前でも、一切の情報が開示されなかった訳ではなく、自治体によっては要綱（内部規則）によって開示していた自治体もあります。しかし、要綱による開示は恩恵的に開示しているだけであって住民の情報公開請求権を認めたものではありませんから、非開示とされた場合でも、行政不服審査法による不服申立（異議申立や審査請求）をすることも、行政事件訴訟法による非開示処分の取消訴訟を提起することもできなかったのです。要綱と条例の違いは、条例では住民の情報公開請求権を認めたことが重要です。

(3) 情報公開請求をしようとする場合には、自治体の情報公開条例担当課（総務課その他）から①情報公開条例の写し1部と②公開請求書の用紙10枚程度の交付を受けます。交付は一般的に無料ですが、自治体によっては①の条例

第2章　情報公開の制度は、どのように活用するのですか

写しは1枚10円が必要となる場合があります。

2　情報公開条例の主な内容

（1）　情報公開条例の適用される自治体の執行機関（例えば、知事、市町村長、教育委員会、監査委員）や議会を「実施機関」と言います。情報公開条例の適用範囲に執行機関のほかに議会も含めている自治体と議会独自の情報公開条例を別に制定している自治体とがあります。情報公開条例には、実施機関の範囲を規定しています。

　① **都道府県の情報公開条例の実施機関**の例を示すと、次のようになります。

> 知事、教育委員会、公安委員会、警察本部長、選挙管理委員会、人事委員会、監査委員、労働委員会、収用委員会、海区漁業調整委員会、内水面漁場管理委員会、公営企業管理者、議会

知事には、知事の権限を委任した出先機関の長（例えば、土木事務所長、土地改良事務所長）も含まれます。出先機関の長の保有する行政文書は、その出先機関の長あてに開示請求をします。上記の公営企業管理者とは、例えば、水道事業管理者や病院事業管理者のような自治体が企業として経営する事業の長をいいます。

　② **市町村の情報公開条例の実施機関**の例を示すと、次のようになります。

> 市長（町村長）、教育委員会、選挙管理委員会、公平委員会、農業委員会、監査委員、固定資産評価審査委員会、公営企業管理者、議会

（2）　情報公開条例の対象とする情報（行政文書）の範囲は、各自治体の情報公開条例の定義規定によって異なる場合がありますが、一般に国の情報公開法に準じて次例のような「行政文書」の定義規定を置いています。

> この条例において「行政文書」とは、実施機関の職員が職務上作成し又は取得した文書、図画及び写真（これらを撮影したマイクロフィルムを含む）並びに電磁的記録（電子式方式、磁気的方式その他人の知覚によっては認識することができない方式で作られた記録をいう）であって、当該実施機関の職員が

組織的に用いるものとして、当該実施機関が保有しているものをいう。ただし、次に掲げるものを除く。
> ① 官報、白書、新聞、雑誌、書籍その他不特定多数の者に販売することを目的として発行されるもの
> ② 一般の利用に供することを目的として保有しているもの
> ③ 歴史的若しくは文化的な資料又は学術研究用の資料として特別の管理がなされているもの

上記の行政文書に含まれないものの例としては、①市販の図書、新聞、雑誌のような図書館で容易に閲覧できるもの、②住民への広報資料のような文書、③図書館や博物館のように施設で特別に管理されている学術研究用資料があります。これらに該当するかどうかが分らない場合は公開請求をしますが、これらに該当すると判断された場合は公開請求が却下されます。その場合には、却下の処分をした担当課に保有している場所を確認します。

(3) **情報公開請求権者の範囲**は、各自治体の情報公開条例によって異なりますが、情報公開に積極的な自治体の条例では、「何人も、この条例の定めるところにより、実施機関に対し、当該実施機関の保有する行政文書の公開を請求することができる」として「何人でも」と規定しています。しかし、遅れた自治体の条例では、次例のように情報公開請求権者の範囲を制限しています。

> 次に掲げるものは、実施機関に対し、行政文書の公開を請求することができる。
> 一 県の区域内に住所を有する個人
> 二 県の区域内に事務所又は事業所を有する個人及び法人その他の団体
> 三 県の区域内の事務所又は事業所に勤務する者
> 四 県の区域内の学校に在学する者
> 五 前各号に掲げるもののほか、実施機関が行う事務又は事業に関し利害関係を有するもの

上例の「もの」とは、個人（自然人）と会社のような法人その他の団体の両方を含むことを意味します。者とは、自然人（人間）と法人を意味します。

第2章　情報公開の制度は、どのように活用するのですか

(4)　情報公開条例によって非公開とされる情報の範囲は、各自治体の情報公開条例によって異なりますが、一般に次例のような情報が非公開とされています。しかし、公開請求をするに際して、請求者が非公開情報に該当するかどうかを判断する必要はありません。実施機関が非公開情報に該当すると判断した場合には、非公開の処分をして公開請求者に対して通知をするだけのことです。その非公開処分が公開条例の非公開事由に該当しないと思った場合は、その非公開処分について不服申立をすることになります。

① 個人情報（例えば、個人の氏名・住所・生年月日・所得額・学歴その他の特定の個人を識別することができる情報をいうが、個人事業者は次の②が適用される）

ただし、次の個人情報は除かれます。

　ア　法令や慣行により公にされ又は公にすることが予定されている情報
　イ　人の生命、健康、生活又は財産を保護するため公にする必要がある情報
　ウ　公務員の氏名、職名その他一定の職務遂行に係る情報
　エ　公益上公にする必要がある情報

② 法人（個人事業者を含む）の事業に関する情報で公にすることにより権利、競争上の地位その他正当な利益を害するおそれのある情報

ただし、事業活動により生じ又は生ずるおそれのある危害から人の生命・健康・生活・財産を保護するため公にすることが必要であると認められる情報を除きます。

③ 公にすることにより犯罪の予防、鎮圧又は捜査、公訴の維持、刑の執行その他の公共の安全と秩序の維持に支障を及ぼすおそれのある情報

④ 自治体の機関と国の機関の相互間又は内部の審議、検討又は協議に関する情報で、公にすることにより率直な意見の交換又は意思決定の中立性が不当に損なわれるおそれのある情報

⑤ 法令や権限のある大臣の指示により公にできないとされている情報

⑥ 自治体や国の機関の行う事務又は事業に関する情報で、公にすることにより事務や事業の適正な遂行に支障を及ぼすおそれのある情報

(5)　行政文書の開示の手数料は、大別すると、①閲覧の手数料と②写しの交付手数料（コピー代）とに分けられますが、①の閲覧手数料は、一部の情報公

Q5 情報公開条例の仕組みは、どんな仕組みになっていますか

開に極めて消極的な遅れた自治体を除いて無料とされています。

②の写し（コピー）の交付手数料は、自治体によって金額が異なりますが、おおむねモノクロA3サイズまで1枚10円、カラーA3サイズまで1枚100円とされています。録音テープやビデオテープの複製料金も自治体によって異なりますが、おおむね1本につき録音テープは200円程度、ビデオテープは300円程度とされています。

3　情報公開条例の一般的な仕組み

(1)　情報公開条例の仕組みは自治体によって異なる場合がありますが、一般的に次のような仕組みになっています。

行政文書公開請求書の提出

　　自治体の情報公開条例担当課に提出する。提出は郵送でも持参でもよいが、FAXによる提出を認めている自治体もある。

公開請求書を文書保有課へ回付

　　公開請求書に不備があった場合は、情報公開条例担当課又は文書保有課からの通知により補正をする。

文書保有課から公開請求者へ決定の通知

　　実施機関（文書保有課）は公開又は非公開を決定して公開請求日から15日以内に公開請求者に「決定通知書」により通知をする。

公開の通知を受けた者は閲覧や写しの受領

　　閲覧や写しの交付の日時は「決定通知書」の発送前に請求者と打ち合わせる。

非公開処分に対する不服申立や処分の取消訴訟

　　非公開処分に対しては、①行政不服審査法による不服申立（異議申立か審査請求）や②行政事件訴訟法による処分の取消訴訟を提起することができる。

(2) 行政文書の公開請求書の宛先は、各自治体の情報公開条例に規定する実施機関の名称の通りに記載します。例えば、○○県知事、○○市長、○○町長、○○県教育委員会、○○県監査委員、○○県議会のように記載します。知事、市長その他の個人名は不要です。

(3) 行政文書の公開請求書の提出先は、郵送する場合も持参する場合も、各自治体の情報公開条例の担当課とします。多くの自治体ではFAX送信により提出することもできます。自治体の事務所（都道府県庁や市町村役場）に公開請求書が到達した時に公開請求の効力が生じます。

(4) 行政文書の公開請求書に不備があった場合は、情報公開条例担当課又は文書保有課から公開請求者に補正（訂正）を求める通知がありますから、補正が必要と考えた場合には補正をします。補正をしなかった場合には、公開請求が却下される場合があります。補正に代えて電話の説明で済む場合もあります。

(5) 実施機関は、公開請求書の到達日から15日以内に公開又は非公開（全部非公開か一部非公開）を決定して「**決定通知書**」により公開請求者に通知をする必要があります。15日以内に決定（行政処分）できない正当な理由がある場合は、各自治体の情報公開条例に規定する範囲内で決定期限を延長することができます。全部公開又は一部公開の決定をする場合には、実施機関は、公開する日時を公開請求者と打ち合わせて「決定通知書」に記載して公開請求者に郵送します。全部非公開又は却下の決定をする場合には、その旨の決定内容を記載した「決定通知書」を公開請求者に郵送します。

(6) 全部非公開、一部非公開又は却下の決定の「決定通知書」を受け取った場合に、その決定に不服がある場合は、①行政不服審査法による不服申立（異議申立か審査請求）や②行政事件訴訟法による行政処分の取消訴訟を提起することができます（4章のQ20とQ18参照）。不服申立や取消訴訟を提起することができる期間、不服申立の相手方、取消訴訟の被告とする者について、実施機関からの「決定通知書」に記載して次例のような教示がなされます。

例えば、知事から送付される決定通知書には、次例のような異議申立と取消訴訟に関する教示がなされます。

「この処分に不服があるときは、この処分があったことを知った日の翌日か

ら起算して 60 日以内に○県知事に対して異議申立をすることができます。また、この処分の取消の訴えは、この処分があったことを知った日（異議申立をした場合には、これに対する決定があったことを知った日）の翌日から起算して 6 か月以内に○県を被告として提起することができます。」

　次に、出先機関の長（例えば、土木事務所長）から送付される決定通知書には、次例のような審査請求と取消訴訟に関する教示がなされます。

　「この処分に不服があるときは、この処分があったことを知った日の翌日から起算して 60 日以内に○県知事に対して審査請求をすることができます。また、この処分の取消の訴えは、この処分があったことを知った日（審査請求をした場合には、これに対する裁決があったことを知った日）の翌日から起算して 6 か月以内に○県を被告として提起することができます。」

Q6 情報公開条例による公開請求書は、どのように書くのですか

A6

1　情報公開条例による公開請求書の書式例

(1)　情報公開条例による公開請求書の書式は、各自治体の情報公開条例の施行規則で定めていますが、記入する事項は、おおむね次の通りとなっています。

行政文書公開請求書

平成○年○月○日

○○県知事　殿

　　　　　　　　　請求者（住所）　〒000-0000　○県○市○町○丁目○番○号
　　　　　　　　　　　　（氏名）　　　　　　　　　　　　○○○○（印）
　　　　　　　　　　　（電話番号）　　　　　　　　　　　　000-000-0000

　○○県情報公開条例第○条の規定により、次の通り行政文書の公開を請求します。

行政文書の名称その他の行政文書を特定するに足りる事項	
公開の方法の区分	□閲覧 □視聴 □写しの交付（□窓口での交付　□郵便による送付） □電磁的記録を複写したものの交付（□窓口での交付　□郵便による送付）
請求者の区分	□県の区域内に住所を有する個人 □県の区域内に事務所又は事業所を有する個人及び法人その他の団体（その名称と所在地　　　　　　　　　　　）

	□県の区域内の事務所又は事業所に勤務する者（その名称と所在地　　　　　　　　　　　　　　　　　　　） □県の区域内の学校に在学する者（その名称と所在地　　　　　　　　　　　　　　　　　　　　　　　　） □実施機関が行う事務又は事業に関し利害関係を有するもの（利害関係の内容　　　　　　　　　　　　　）
備考	

（□内には、該当するものに「レ」を記入してください。）

(2) 上例の公開請求書の書式例は、請求者の範囲を制限している公開条例の場合ですから、請求者の範囲を制限していない公開条例の場合には、上例の「請求者の区分」欄はありません。

2　行政文書公開請求書の用紙への記入事項

(1) 行政文書公開請求書の用紙の書式は、各自治体によって異なりますが、記入する事項は、おおむね次の通りです。

> ① 宛先の実施機関名（例えば、知事、市長、町長、教育委員会、監査委員、議会）
> ② 公開請求書の作成年月日
> ③ 公開請求者の氏名、住所、郵便番号、電話番号、押印（氏名を署名した場合は押印を不要とする自治体もあるが、訂正時に便利なので押印をしておく）
> ④ 行政文書の名称その他の行政文書を特定するに足りる事項（知りたい行政文書の内容）
> ⑤ 公開の方法の区分（閲覧、写しの交付その他の方法の区分）
> ⑥ 請求者の区分（請求者の範囲を制限している自治体のみ）
> ⑦ 請求の目的を記載させる場合は「調査のため」と記載する

(2) 実施機関とは、情報公開条例の適用される自治体の長、教育委員会その他の行政委員会、監査委員のような執行機関と議会をいいます。公開請求書の宛先には情報公開条例に規定する実施機関の名称のみを記載すればよく、知事や市長のような個人名の記載は不要です。

第2章 情報公開の制度は、どのように活用するのですか

(3) 行政文書の名称その他の行政文書を特定するに足りる事項（知りたい行政文書の内容）の欄には、実施機関の職員が公開請求対象の文書を特定することができるような記載します。一般に行政文書の名称は分からない場合が多いので、分からない場合には、例えば、「〇〇が分かる一切の文書」とか「〇〇について記載した一切の文書」のように記載します。公開請求をする行政文書の種類が多くて記入欄に書き切れない場合は、公開請求書の記入欄には「別紙の通り」と記載して請求対象文書を記載した別紙を添付します。

(4) 公開請求書の作成に際しては、請求対象文書が公開条例に規定する非公開事由に該当するか否かを公開請求者が判断する必要はありません。実施機関は、公開条例に規定する非公開事由に該当すると判断した場合には、非公開の行政処分をして公開請求者に通知するだけのことです。非公開事由に該当するか否かは、最終的には裁判所の判断になりますから、公開請求者が判断する必要はないのです。

(5) 公開の方法の区分の欄では、必ず「閲覧」と「写しの交付」の両方をチェックしておく必要があります。両方をチェックした場合は、閲覧をして請求者の必要な文書のみ写しの交付が受けられます。必要な文書が存在しなかった場合には交付を受ける必要はありません。ある自治体の住民が閲覧のチェックを忘れたために40万円ものコピー代を請求された事例がありましたので注意が必要です。

(6) 請求者の区分の欄は、公開条例で請求者の範囲を制限している一部の自治体でだけ記載しますが、請求者の範囲を制限せずに「何人でも」としている自治体には、この欄はありません。

(7) 請求の目的を記載させる一部の自治体がありますが、単に「調査のため」と記載すれば足ります。

(8) 閲覧手数料を徴収する自治体で申請により公益目的の場合は手数料を免除する場合がありますが、この申請書には、例えば、「〇県の〇公務が適正に執行されているか否かの調査のため」のように記載します。

Q7 情報公開条例による公開請求は、どのように活用するのですか

A7

1 情報公開条例の目的

(1) 自治体の情報公開条例には、制定の目的が規定されていますが、例えば、次例のような規定があります。次の①は県条例、②は市条例、③は町条例の例です。

① **県条例** この条例は、県民の行政文書の公開を請求する権利につき定めること等により、実施機関の保有する情報の一層の公開を図り、県政に関し県民に説明する責務が全うされるようにし、県政に対する県民の理解と信頼を深め、もって地方自治の本旨に即した県政の発展に寄与することを目的とする。

② **市条例** この条例は、市民の知る権利を尊重し、行政文書の公開を請求する権利につき定めること等により、市の保有する情報の一層の公開を図り、もって市の諸活動を市民に説明する責務が全うされるようにするとともに、市政への市民参加を一層促進し、市民の市政に対する理解と信頼を深め、市民と市との協働による公正で民主的な市政の推進に資することを目的とする。

③ **町条例** この条例は、地方自治の本旨に基づき、町政情報の公開を請求する町民の権利を明らかにするとともに、情報公開の総合的な推進について必要な事項を定め、もって町民の知る権利を保障し、町政に関し町民に説明する責務を全うし、町民の理解と信頼を深め、町民参加の公正で開かれた町政の推進に資することを目的とする。

(2) 各自治体の情報公開条例の目的規定の表現は異なるものの、その目的規定の趣旨は次の通り同様の目的を有するものとなっています。

① 自治体情報についての**公開請求権**という「権利」を認めたこと
② 自治体情報についての「**知る権利**」を保障したこと
③ 自治体情報について**説明する責務を全う**すること

④ 公正で民主的な行政の推進に資すること

2 情報公開条例の主な活用事例

(1) 食糧費に関する会計書類の公開請求

① 食糧費という費目は、本来は、台風災害や地震災害のような緊急事態が発生した場合の公務員の弁当代などに支出する費用ですが、実際には公務員同士の官官接待や私的飲食に使用されていましたので、各地の市民オンブズマンによる住民監査請求や住民訴訟が提起されて支出額は激減しました。この場合の公開された会計書類は、住民監査請求の「事実証明書」として活用したのです。

② 食糧費の公開請求書の書き方の例として、例えば、「土木監理課の食糧費について平成25年度中に実施した懇談会その他の会合に係る1件の支出確定額が1万円以上のものについての執行伺書、支出金調書、請求書、内訳書、参加者名簿その他の一切の文書」のように記載します。会計書類の名称は、各自治体の会計規則により異なりますが、執行伺書とは公金支出の内容（例えば、会議の名称・日時・場所・支出予定金額）について事前に決定権限者に伺うための書類をいいます。支出金調書とは公金支出をするのに必要な会計書類をいいます。

③ 食糧費その他の公金支出の主な流れは次のようになります。

　ア　起案文書その他の執行伺書による自治体の長その他の決定権限者の決裁

　イ　決裁権限者による支出負担行為（飲食店との契約その他の債務負担行為）

　ウ　決裁権限者による支出命令（出納機関への命令行為）

　エ　出納機関（会計管理者）による支出負担行為の適法性の確認

　オ　出納機関（会計管理者）による債権者への支払いと会計書類の保管

(2) 公共工事費用についての公開請求

① 公共工事に関する文書の種類は多いので、判明している範囲で次の記載例のように記載し末尾に「その他の関連する一切の文書」と記載します。例えば、「○市○町に建設計画のある屠殺場について本公開請求書

到達日までに支出した一切の支出に関する執行伺書、支出金調書、建築図面その他の設計図書、仕様書、入札結果調書、契約書、見積書、請求書その他の関連する一切の文書」のように記載します。
② 入札結果調書とは、一般競争入札（条件を満たせば誰でも参加できる入札）や指名競争入札（事前に自治体に登録された業者の中から自治体により指名された業者による入札）の結果を記載した文書をいいます。この書面により談合の有無が分かる場合があります。

(3) **カラ出張の解明のための公開請求**
① カラ出張（実際は出張せずに旅費を他の目的に使う場合）は内部告発がないとなかなか発覚しませんが、旅費請求書、復命書その他の文書の確認により発覚する場合があります。この場合の公開請求書の書き方の例としては、「〇県監査委員及び監査委員事務局職員の平成〇年度下半期に実施した県外出張に関する出張命令簿、旅費請求書、復命書、旅費精算書類その他の関連する一切の文書」のように記載します。
② 復命書とは、出張した公務員が上司に報告する公文書をいいますが、カラ出張の場合には内容虚偽の公文書が作成されることになりますから、復命書とその他の書類を照合するとカラ出張が発覚する場合があります。例えば、旅費請求書には4泊5日の出張としているのに実際には1泊2日の出張とか日帰り出張の場合もあります。

(4) **自治体に提出された許認可申請書の公開請求**
① 知事その他の自治体の長の許認可の必要な事業は多数ありますが、許認可事業の条件が守られないために公害の発生その他の近隣住民の生活に支障の出る場合があります。このような場合に責任の所在を明確にするためには許認可申請書の公開請求が必要になります。例えば、採石法や森林法に基づく知事の許認可の申請書類では、「①〇〇採石株式会社から平成15年度以降に提出された採石法に基づく知事の採取計画の認可の申請書類及びその一切の添付書類、②〇〇採石株式会社から平成15年度以降に提出された森林法に基づく知事の許可の申請書類及びその一切の添付書類、③上記①の申請に対する認可に係る一切の起案文書及びその一切の添付書類、④上記②の申請に対する許可に係る一切の起

案文書及びその一切の添付書類」のような公開請求をします。
　② 公開請求をする文書の種類が多い場合は、なるべく箇条書きにして公開請求対象文書を分かりやすく記載します。公開請求対象文書の保有課が複数にわたる場合でも、分けて公開請求をする必要はありません。

(5) **自治体に提出された議事録の公開請求**
　① 公的な団体の議事録は自治体に提出される場合がありますが、その団体の構成員でないと閲覧できない議事録でも自治体に公開請求をして閲覧や写しの交付を受けることができます。例えば、土地改良区の総代会の議事録は、当該土地改良区の組合員は土地改良法の規定に基づいて閲覧をすることは可能ですが、写しの交付を受けることはできません。このような場合に土地改良区組合員その他の者は、都道府県の実施機関の土地改良事務所長あてに次のような公開請求をして写しの交付を受けることができます。公開請求書には、例えば、「A土地改良区、B土地改良区及びC土地改良区から平成20年度以降に提出された総代会又は総会の議事録及び議案書の各全部」のように記載します。
　② 土地改良区には自治体によっては毎年多額の補助金が交付されている場合がありますから、土地改良区組合員でない者も公開請求によって補助金の支出状況を確認することが可能です。

(6) **タクシー代に関する会計書類の公開請求**
　① タクシーの使用は当然に公務に限られますが、深夜の私的飲食後の帰宅や通勤に使用していたことが各地の自治体で発覚しています。タクシーの不正使用は公開された文書で容易に分かりますから、その文書を「事実証明書」として住民監査請求を続けるとタクシー代の支出は激減します。
　② タクシー代に関する会計書類の公開請求書には、例えば、「平成〇年〇月以降にタクシー会社から送付されたタクシー利用代金の請求書類、当該タクシー利用券とその発行記録、当該利用者の氏名・利用区間・利用時間・利用料金の分かる書類」と記載します。

(7) **無駄な公用車や専用運転手の配置に関する文書の公開請求**
　① 自治体の公用車には、ごみ収集車、救急車、道路補修車のような必須

のものもありますが、自治体によっては長や監査委員のような特別職の通勤に使用したり深夜の宴会に運転手を待機させたりする不当な無駄な使用が認められます。
② 自治体の公用車の使用実態に関する公開請求書には、例えば、「平成〇年〇月以降の公用車の使用状況の分かる運転日誌その他の一切の運転記録（運転区間、運転時間その他の記録を含む）」と記載します。

(8) 議会の一般質問や委員会審議の録音テープの公開請求
① 議会の本会議や委員会の議事録の作成には一般に2か月程度はかかっていますから、急ぐ場合には、実施機関の議会あての公開請求書に、例えば、「平成〇年〇月定例議会でのA議員及びB議員の一般質問及びそれに対する答弁の各部分を録音した録音テープの全部」と記載して提出します。
② 一部の自治体では議会の一般質問や答弁を録音した録音テープは「決裁」を経ていないという理由で公開をしない自治体がありますが、行政文書の定義を国の情報公開法と同様の規定をしている場合には公開されます。

(9) 自治体所有土地の無償貸付に関する文書の公開請求
① 自治体所有土地の無償貸付をしている場合は、違法な貸付の場合が多いので、例えば、「平成〇年度以降の〇市所有土地の無償貸付に関する契約書類、使用許可書類その他の使用権限の内容の分かる一切の文書」のように記載して公開請求をします。
② 自治体所有土地の無償貸付を受けている者が、その土地を他人に対して有償で貸し付けている場合がありますから、このような場合は住民監査請求をします。
③ どの公開請求の場合でも、一般に一度の公開請求によって目的を完全に達成することができる場合は、ほとんどありませんから、何度も公開請求を続けることが大切です。情報公開条例には、公開請求の回数や時期について何らの制限もありませんから、公開請求の目的を達しない場合には繰り返して公開請求をします。

第2章　情報公開の制度は、どのように活用するのですか

Q8
情報公開条例による非公開処分には、どう対応するのですか

A8

1　情報公開条例による非公開処分への対応の仕方

　情報公開条例による公開請求に対して、実施機関（行政庁）が非公開処分（全部非公開又は一部非公開の行政処分）をした場合の対応の仕方には、①行政不服審査法による不服申立（異議申立又は審査請求）、②非公開処分に対する処分の取消訴訟の提起、③行政不服審査法による不服申立の結果の出た後の取消訴訟の提起、④違法な非公開処分を理由とする国家賠償請求訴訟の提起の4種類があります。

> 1　行政不服審査法による非公開処分に対する不服申立
> 　（①異議申立又は②審査請求）
> 2　非公開処分に対する処分の取消訴訟の提起
> 3　行政不服審査法による不服申立の結果の出た後の取消訴訟の提起
> 4　違法な非公開処分を理由とする国家賠償請求訴訟の提起

　1　行政不服審査法による非公開処分に対する不服申立の種類には、大別すると、①異議申立（上級の行政機関のない場合の処分をした行政機関への不服申立）と、②審査請求（上級の行政機関のある場合の上級の行政機関への不服申立）とがあります。
　①の異議申立の例としては、実施機関の知事・市長その他の自治体の長、教育委員会、監査委員のような上級の行政機関のない場合があります。
　②の審査請求の例としては、実施機関が出先機関の長（例えば、土木事務所長、土地改良事務所長）のような上級の行政機関（例えば、知事）がある場合があります。
　これらの**不服申立**は、行政庁の行政処分があったことを知った日の翌日から**60日以内**に行う必要があります（行政不服審査法14条・45条）。

Q8　情報公開条例による非公開処分には、どう対応するのですか

　行政不服審査法の目的は、「行政庁の違法又は不当な処分その他公権力の行使に当たる行為に関し、国民に対して広く行政庁に対する不服申立のみちを開くことによって、簡易迅速な手続による国民の権利利益の救済を図るとともに、行政の適正な運営を確保することを目的とする」と規定しており、国民の情報公開請求権の行使に対して行政庁（実施機関）が拒否処分（非公開処分）の公権力の行使をした場合には、この法律によって不服申立ができるのです。不服申立書の書き方その他の不服申立方法の詳細は、**第4章**の **Q20** で説明します。

　② 非公開処分に対する取消訴訟の提起は、非公開処分があったことを知った日の翌日から起算して6箇月以内に訴えを提起する必要があります。処分があったことを知らなかった場合でも、1年を経過した場合は訴えを提起することはできません（行政事件訴訟法14条1項・2項）。ただ、訴えを提起することができる期間（出訴期間）の規定は、公開請求は同一内容を何回でも請求することができますから、実務上、問題となることはありません。取消訴訟の詳細は、**第4章**の **Q18** で説明します。

　③ 行政不服審査法による不服申立の結果の出た後の取消訴訟の提起は、非公開処分に対して不服申立をした場合には、その結論（裁決）が出るまでに相当の期間を要するので、その不服申立に対する結論を知った日の翌日から起算して6箇月以内に訴えを提起する必要があります（行政事件訴訟法14条3項）。

　④ 違法な非公開処分を理由とする国家賠償請求訴訟の提起は、非公開処分による精神的苦痛（精神的損害）に対する慰謝料を請求することになりますから、非公開処分の違法性を立証する必要があります。非公開処分の違法性は、非公開処分の取消訴訟によって主張することもありますが、国家賠償請求訴訟においても主張することができます。原告が勝訴判決を得た場合には、非公開処分の違法性が認められたことになるので、実施機関は、非公開処分の職権取消をして開示することになります（国家賠償法1条1項）。国家賠償請求訴訟の詳細は、**第4章**の **Q16** で説明します。

2　非公開処分への対応の仕方のメリットとデメリット

（1）　行政不服審査法による非公開処分に対する不服申立（異議申立又は審査請求）は、不服申立の費用が不要で手続が簡単な点がメリットですが、不服申立先が異議申立では非公開処分をした行政機関（処分庁）であり、審査請求では処分庁の上級行政機関（審査庁）となりますから、公務員は、身内に甘い結論を出すので、非公開処分が取り消されることはほとんどないというデメリットがあります。こうしたデメリットを解消するために、自治体の情報公開条例では、行政不服審査法に規定はないものの、第三者（例えば、大学教授、法律専門家）で構成する「情報公開審査会」に実施機関が非公開の適否を諮問してその答申を得て実施機関が判断をすることとしています。しかし、実施機関は、答申に従う法的義務はありませんから、実施機関にとって都合の悪い答申には従わない場合もあります。

更に、実施機関が不服申立を処理する期間についての規定がありませんから、何年も放置する場合もあって、実際には、不服申立は役立たない場合も多いのです。

（2）　非公開処分に対する取消訴訟の提起は、非公開処分があったことを知った日の翌日から起算して6箇月以内に実施機関の属する自治体を被告として自治体の事務所（都道県庁や市町村役場）所在地の地方裁判所に提起することになります。この場合の自治体の訴訟での代表者は実施機関（例えば、知事、市長、教育委員会、代表監査委員）となります。取消訴訟のメリットは裁判所の判断が得られる点にありますが、デメリットは裁判費用（例えば、裁判手数料の収入印紙代、切手代、場合により弁護士費用）や手間がかかるほか、判決の確定までに数年を要する場合もあります。

（3）　行政不服審査法による不服申立の結果の出た後の取消訴訟の提起は、非公開処分の対応の仕方のひとつとして考えられますが、実際には、不服申立（異議申立や審査請求）の結論がいつ出るのか分りませんから、実務上は、不服申立をしていても、その不服申立の取下げをするか、同一内容の新たな公開請求に対する新たな非公開処分を得て、取消訴訟を提起します。

行政不服審査法による不服申立の結果の出た後の取消訴訟の提起は、不服申

立の結論の取消を求めるのではなく、原処分（不服申立の元になった非公開処分）の取消を請求するのです。不服申立の結論を待っていたのでは、時間の無駄になる場合も多いので、通常は、原処分の非公開処分について直ちに取消訴訟を提起します。

(4)　違法な非公開処分を理由とする国家賠償請求訴訟の提起とは、公権力の行使に当たる公務員が違法に非公開処分をしたことにより公開請求者（原告）の情報公開請求権の行使を侵害され多大の精神的苦痛を与えられたとして自治体を被告として損害賠償（慰謝料）請求をする訴訟の提起をいいます。行政訴訟の一種ですが、訴訟手続は通常の民事訴訟と同じになります。原告が勝訴判決を得るには、公権力の行使に当たる公務員が違法に非公開処分をした事実を立証する必要がありますから、勝訴判決を得た場合には、非公開処分の違法性が確認されるので、結果的に非公開処分の職権取消がなされて公開されることになります。慰謝料額は、日本の裁判所では著しく低額しか認めませんから、請求額（訴訟物の価額）は裁判の手数料の収入印紙千円で請求できる10万円とします。この訴訟のメリットは、少額の費用で非公開処分の違法性を争うことができる点にあります。デメリットは、訴訟の手間と時間がかかる点にあります。

第2章　情報公開の制度は、どのように活用するのですか

Q9
個人情報保護条例は、どんな仕組みになっていますか

A9

1　個人情報保護条例とは

(1)　個人情報保護条例とは、自治体（都道府県と市町村）の執行機関（例えば、知事、市町村長、教育委員会、監査委員）や議会の保有する自己の個人情報を開示させ訂正させ利用停止をさせる権利を保障した条例をいいます。条例とは、自治体の議会の制定した法規をいいます。情報公開条例による開示請求では、自己の個人情報も他人の個人情報も、一律に客観的に非開示情報と判断されますから、自己の個人情報の開示請求をする場合は、個人情報保護条例による開示請求をする必要があります。

(2)　個人情報保護条例の目的規定の例には次のような規定があります。①は県条例の例、②は市条例の例です。

①　**県条例**　この条例は、個人情報の適正な取り扱いの確保に関する基本的事項を定め、実施機関が保有する保有個人情報の開示、訂正及び利用停止を求める権利を明らかにするとともに、事業者が取り扱う個人情報の保護について定めることにより、個人情報の有用性に配慮しつつ、個人の権利利益を保護することを目的とする。

②　**市条例**　この条例は、個人の尊厳を保つ上で個人情報の保護が重要であることにかんがみ、個人情報の適正な取り扱いに関し必要な事項、個人情報に関する権利等を定めることにより、個人の権利利益の保護を図り、もって公正で民主的な市政の推進に資することを目的とする。

(3)　個人情報保護条例に規定する「個人情報」とは、一般に「個人に関する情報であって、当該情報に含まれる氏名、生年月日その他の記述等により特定の個人を識別することができるもの（他の情報と照合することができ、それにより特定の個人を識別することができることとなるものを含む）をいう」と定義をさ

れています。

（4）　個人情報保護条例によって保障される主な権利は、自己の個人情報についての①開示請求権、②訂正請求権、③利用停止請求権の3つです。これらの請求権に基づく請求に対して実施機関（執行機関や議会）が拒否処分をした場合には、情報公開条例での非公開処分の場合と同様に、行政不服審査法の基づく不服申立（異議申立か審査請求）をすることができます。この場合には、実施機関は、個人情報保護条例の規定によって「個人情報保護審査会」に諮問をしてその答申を得た後に不服申立に対する処分を決定する必要があります。

2　個人情報保護条例の主な内容

（1）　個人情報保護条例の適用される主な実施機関としては、例えば、知事、市町村長、教育委員会、選挙管理委員会、監査委員、議会、人事委員会、公平委員会、公安委員会、警察本部長、水道事業管理者その他の公営企業管理者があります。これらの実施機関の保有する自己の個人情報について、①開示請求、②訂正請求、③利用停止請求をすることができます。

（2）　個人情報保護条例の対象とされる保有個人情報とは、実施機関の職員が職務上作成し又は取得した個人情報であって、当該実施機関の職員が組織的に利用するものとして、当該実施機関が保有しているものをいいます。ただし、行政文書（電磁的記録も含む）に記録されているものに限ります。行政文書の定義は情報公開条例の場合と同じです。

（3）　開示請求権者の範囲には制限はなく、何人でも自己の個人情報の開示を請求することができます。未成年者（20歳未満の者）や成年被後見人（精神上の障害により家庭裁判所の後見開始の審判を受けた者）の法定代理人は、本人に代わって開示請求をすることができます。

　死亡した本人の保有個人情報については、①死亡した者の配偶者（内縁関係にある者も含む）及び2親等内の血族と、②死亡した者の3親等内の親族（①のいない場合に限る）が開示請求をすることができます。

　そのほか、個人情報保護条例に規定がない場合でも、本人に代わって開示請求をする必要がある場合（例えば、本人が認知症の場合、病気入院中の場合、遠隔地に転居し実施機関へ出頭することが困難な場合）には、各自治体で何らかの方

第２章　情報公開の制度は、どのように活用するのですか

法で開示請求をすることができるようにしています。

(4)　保有個人情報を開示しない理由（不開示情報）を例示すると次の通りです。
　① 　開示請求者の生命、健康、生活又は財産を害するおそれがある情報
　② 　開示請求者以外の個人情報であって、氏名・生年月日その他の記述により開示請求者以外の特定の個人を識別することができるもの、又は開示することにより当該個人の権利利益を害するおそれがある情報
　③ 　開示することにより、犯罪の予防、鎮圧又は捜査、公訴の維持、刑の執行その他の公共の安全と秩序の維持に支障を及ぼすおそれがあると実施機関が認めることにつき相当の理由がある情報

ただ、実際に開示請求をする際に、不開示情報に該当するかどうかを開示請求者が判断をする必要はなく、開示請求書を提出するだけでよいのです。実施機関が不開示情報に該当すると判断した場合には不開示の行政処分をして開示請求者に通知をします。

(5)　個人情報保護条例に規定する①開示請求権、②訂正請求権、③利用停止請求権の行使に対して実施機関が拒否処分をした場合には、情報公開条例による非公開処分の場合と同様に行政不服審査法の規定による不服申立（異議申立か審査請求）をすることができます。

(6)　開示手数料は、閲覧の手数料は無料ですが、写しの交付の手数料は情報公開条例の場合の手数料（例えば、モノクロA3サイズまで1枚10円）と同様になっています。

3　個人情報保護条例による開示請求の流れと条例活用法

(1)　個人情報保護条例による開示請求の流れは、次のようになります。

> **開示請求書の提出**
> 　個人情報開示請求書を個人情報保護条例担当課に持参して提出します。（請求者の身分証明書の提示が必要ですから郵送による請求はできません）

⬇

Q9　個人情報保護条例は、どんな仕組みになっていますか

開示請求書を文書保有課に回付
　開示請求書に不備がある場合は文書保有課からの通知により補正をします。

⬇

文書保有課から請求者への通知
　実施機関からの開示又は非開示の処分通知書が請求者に対して開示請求日から15日以内に郵送されます。

⬇

開示の処分の場合は閲覧や写しの交付
　閲覧日時は処分通知書の発送前に請求者と打ち合わせて決定します。

⬇

非開示処分に対する不服申立
　非開示処分に対しては行政不服審査法による不服申立（異議申立又は審査請求）ができます。行政事件訴訟法による処分の取消訴訟を提起することもできます。

---

(2)　個人情報保護条例の活用法の例としては、次の例があります。
①　実施機関に提出した請願書・陳情書・照会書に対して誠実な回答がなされなかった場合に、それらの書面と処理状況の分かる文書の開示請求をして調査に活用します。
②　両親その他の親族の介護保険の認定調査の結果に不服がある場合は、都道府県の介護保険審査会に不服申立をすることができますが、その前に認定調査（訪問調査）の結果その他の認定に至った経緯の分かる一切の文書の開示請求をして不服申立に活用します。
③　情報公開条例による非公開処分が過去に請求した処分の内容と食い違う場合には、過去に提出した情報公開条例の公開請求書とその決定通知書控えの開示請求をして調査に活用します。

第2章　情報公開の制度は、どのように活用するのですか

Q10 個人情報保護条例による開示請求書は、どのように書くのですか

A10

1　個人情報保護条例による開示請求書の書式

(1)　個人情報保護条例による開示請求書の書式は、各自治体によって異なりますが、記入する事項は、おおむね次の通りとなっています。

【記載事項例】

保有個人情報開示請求書

平成○年○月○日

○○県知事　殿
（実施機関あて）

請求者（住所）　〒000-0000　○○県○市○町○丁目○番○号

（氏名）　　　　　　　　　　○○○○　（印）

（電話番号）　　　　　　　　000-000-0000

○○県個人情報保護条例第○条第○項の規定により、次のとおり保有個人情報の開示を請求します。

開示請求に係る保有個人情報の内容

　　　（個人情報の内容が特定できるように記載します）

開示の方法の区分

　　　□閲覧　　□写しの交付　　□視聴　　□電磁的記録を複写したものの交付

本人以外の者の請求者の区分

　　　□未成年者の法定代理人

　　　□成年被後見人の法定代理人

　　　□死亡した者の配偶者又は2親等内の血族

　　　□死亡した者の3親等内の親族（配偶者と2親等内の血族を除く）

本人の氏名及び住所（本人が請求者の場合は記入不要）

　　　氏名　　　　　　　　住所

　　　（□内には該当するものに「レ」を記入する）

---

(2) 本人が請求者の場合は、本人であることを証明する運転免許証、旅券、住民基本台帳カードその他の写真の付いた身分証明書を持参します。

(3) 本人に代わって法定代理人が請求する場合は、法定代理人自身の身分証明書（運転免許証、旅券その他）と本人との関係を示す戸籍謄本や住民票を持参する必要があります。法定代理人以外で請求者となることができる者（死亡した者の配偶者その他）も、死亡した者との親族関係を証明する戸籍謄本を持参します。

(4) 法定代理人や死亡した者の一定範囲の親族以外で、本人に代わって代理人によって開示請求をすることができる場合（例えば、本人が認知症の場合、入院中の場合、遠隔地に転居して出頭できない場合）は、代理人は、実施機関の指定する身分証明書や委任状を持参することになります。

(5) 個人情報保護条例による開示請求では、実施機関において請求者の身分証明書を確認する必要がありますから、開示請求を郵送やFAXによってすることはできません。ただし、自治体によっては本人が遠隔地に転居して持参することができない場合には、実施機関の指定する書類を郵送することによって開示請求を認めている自治体もあります。

2　個人情報保護条例による開示請求書の書式

(1) 個人情報保護条例による開示請求対象情報の特定は、開示請求書の「開示請求に係る保有個人情報の内容」の欄に行政文書の名称その他の情報を特定できる事項を記入します。行政文書の範囲は、その自治体の情報公開条例の行政文書の範囲と同じですが、一般に次例のような範囲とされています。
「行政文書とは、実施機関の職員が職務上作成し又は取得した文書、図画及び写真並びに電磁的記録（電子式方式、磁気的方式その他人の知覚によっては認識することができない方式で作られた記録をいう）であって、当該実施機関の職員が組織的に用いるものとして、当該実施機関が保有しているものをいう。」

(2) 開示請求書の「開示請求に係る保有個人情報の内容」の欄に書き切れない場合には、この欄には「別紙の通り」と記入し、別紙に請求内容を記載して開示請求書に添付します。別紙の記載例として次のような例があります。

① 過去に提出した請願書の処理状況を調査する場合は、「本件請求者から○○県知事あてに平成○年○月○日から本件開示請求書到達日までの間に提出された請願書の全部及び当該各請願書に係る回答文書控え又は写しを含む起案文書の各全部」とします。

② 過去の非公開事由の調査や不服申立の結果を調査する場合は、「本件請求者あてに送付された平成○年○月○日付土木第○○○号文書、同日付広報第○○○号文書の各起案文書並びに当該各文書に係る非公開処分に対する不服申立書及び当該不服申立に対する処分に関する起案文書の各全部」とします。

③ 過去に却下をした住民監査請求に関しては、「本件請求者が平成○年○月○日以降に提出した住民監査請求書のうち「却下」をした請求について当該住民監査請求書（事実証明書を含む）及び各却下の理由の分かる一切の文書」とします。

3　個人情報保護条例による訂正請求書と利用停止請求書の書式

(1)　個人情報保護条例では、実施機関の保有する個人情報の開示請求権のほか、次例のように、①訂正請求権や②利用停止請求権も認めています。

① **訂正請求権**として、何人も、実施機関に対し、実施機関の保有する自己を本人とする保有個人情報の内容が真実でないと思料するときは、当該保有個人情報の訂正（追加又は削除を含む）の請求をすることができます。

② **利用停止請求権**として、何人も、自己を本人とする保有個人情報が次のいずれかに該当すると思料するときは、当該保有個人情報を保有する実施機関に対し、当該各号に定める利用の停止、消去又は提供の停止の請求をすることができます。

> 一　第○条の規定に違反して収集されたものであるとき、又は第○条の規定に違反して利用されているとき　　　当該保有個人情報の利用の停止又は消去
> 二　第○条の規定に違反して提供されているとき　　　当該保有個人情報の提供の停止

Q10　個人情報保護条例による開示請求書は、どのように書くのですか

① 訂正請求書の書式例

保有個人情報訂正請求書

平成○年○月○日

○○県知事　殿
(実施機関あて)

　　　　　　　　請求者（住所）　〒000-0000 ○県○市○町○丁目○番○号
　　　　　　　　　　　　（氏名）　　　　　　　　　　○○○○（印）
　　　　　　　　　　　（電話番号）　　　　　　　　　000-000-0000

○○県個人情報保護条例第○条第○項の規定により、次の通り保有個人情報の訂正（追加・削除）を請求します。

訂正請求に係る保有個人情報の内容
　　　（開示された個人情報が特定できるように記載します）

訂正を求める趣旨及び理由
　　　（訂正を求める箇所と訂正を求める理由を記載します）

本人以外の請求者の区分
　　　□未成年者の法定代理人
　　　□成年被後見人の法定代理人
　　　□死亡した者の配偶者又は2親等内の血族
　　　□死亡した者の3親等内の親族（配偶者と2親等内の血族を除く）

本人の氏名及び住所（本人が請求者の場合は記入不要）
　　　氏名　　　　　　　住所
　　　（□内には該当するものに「レ」を記入する）

第2章　情報公開の制度は、どのように活用するのですか

②　利用停止請求書の書式例

保有個人情報利用停止請求書

平成○年○月○日

○○県知事　殿
（実施機関あて）

　　　　　　　　　　請求者（住所）　〒000-0000 ○県○市○町○丁目○番○号
　　　　　　　　　　　　　（氏名）　　　　　　　　　　　○○○○（印）
　　　　　　　　　　　　　（電話番号）　　　　　　　　　000-000-0000

　○○県個人情報保護条例第○条第○項の規定により、次の通り保有個人情報の利用停止（消去・提供の停止）を請求します。

利用停止請求に係る保有個人情報の内容
　　　　（開示された個人情報が特定できるように記載します）
利用停止を求める趣旨及び理由
　　　　（利用停止を求める箇所と利用停止を求める理由を記載します）
本人以外の請求者の区分
　　　　□未成年者の法定代理人
　　　　□成年被後見人の法定代理人
　　　　□死亡した者の配偶者又は2親等内の血族
　　　　□死亡した者の3親等内の親族（配偶者と2親等内の血族を除く）
本人の氏名及び住所（本人が請求者の場合は記入不要）
　　　　氏名　　　　　　　　　住所
　　　　（□内には該当するものに「レ」を記入する）

第3章
請願や陳情の制度は、どのように活用するのですか

Q11
請願や陳情の制度とは、どういうものですか

A11

1 請願とは

(1) 請願とは、自治体（都道府県と市町村）や国の機関に対して、その職務に関する事項について、希望、苦情又は要請を申し出ることをいいます。

請願権は、憲法上の権利のひとつで、憲法16条は、「何人も、損害の救済、公務員の罷免、法律、命令又は規則の制定、廃止又は改正その他の事項に関し、平穏に請願する権利を有し、何人も、かかる請願をしたために、いかなる差別待遇も受けない」と規定しています。「何人も」と規定している通り、**請願権は、日本国民に限らず、外国人や法人にも保障されている**のです。

(2) 請願という行為が最初に容認されたのは1215年のイギリスのマグナ・カルタ（大憲章）であったと伝えられていますが、国民の政治参加が否定され政治上の言論の自由が確立されていなかった時代には為政者に民情を知らせる唯一の手段として重要な意味を持っていたものの、選挙制度が確立され言論の自由が拡大された後は、それほど重要な意味を持たないとも言われています。しかし、現在でも、民意を直接伝える手段として参政権的な意味を持っているといえますし、制度の活用の余地はあります。

(3) 現在の請願の制度には、①請願法による請願、②自治体の議会に対する請願、③国会の各議院に対する請願があります。

第3章　請願や陳情の制度は、どのように活用するのですか

① 　請願法では、一般の官公署（自治体や国の行政機関）に対する請願の方法や手続について規定しています。例えば、請願は、請願者の氏名と住所を記載した請願書を作成し請願事項を所管する官公署に提出します。請願書の書き方は、本章のQ12で説明します。

② 　自治体の議会に対する請願については、地方自治法124条と125条に規定があり、請願者は「議員の紹介」によって請願書を提出する必要があるとされ、請願法の場合とは異なり、請願権の行使を制限しています。

③ 　国会の各議院に対する請願については、国会法79条以下に規定があり、請願者は、「議員の紹介」によって請願書を提出する必要があります。請願法の場合とは異なり、地方議会への請願と同様に「議員の紹介」を要件として請願権の行使を制約しています。

2　自治体の議会に対する請願

(1)　普通地方公共団体（都道府県と市町村）の議会に請願をしようとする者は、その議会の議員の紹介により請願書を提出する必要がありますが（地方自治法124条）、「議員の紹介」の実務は、請願書の中に「紹介議員　〇〇〇〇（印）」のように議員の署名と押印をするだけです。紹介議員の数は1人で足ります。議会への請願は、①文書（請願書）によることと、②議員の紹介という2つの要件を満たす必要があります。

(2)　紹介議員については何らの制限もありません。この場合の「紹介」を請願内容に紹介議員が賛意を表することであると解釈する説もありますが、法文上、賛意を表することは要件とされていませんから、賛意を表さない場合でも、紹介議員にはなれます。

(3)　自治体の議会に請願をすることができる者は、その自治体の住民に限られず、他の自治体の住民、外国人、会社のような法人、法人でない団体（例えば、市民団体、趣味団体）も請願者となることができます。

(4)　提出された請願書は、議会の開会中であると閉会中であるとを問わず、適法な請願書である限り、議長は受理する必要があります。議長が受理した後は、一般に請願内容を所管する常任委員会か議会運営委員会に付託されます。

(5) 委員会は、請願について審査をし、①採択、②不採択を決定して議長に報告する必要がありますが、③継続審査とする場合もあります。委員会の委員長は、請願についての審査の経過と結果を本会議に報告し議決することになります。

(6) 自治体の議会は、採択した請願で、その自治体の長、教育委員会その他の行政委員会、監査委員において措置することが適当と認めるものは、これらの者にこれを送付して、その請願の処理の経過と結果の報告を請求することができます（地方自治法125条）。

(7) 自治体の議会の会議規則によって、請願者に対して、請願の①採択、②不採択又は③継続審査の各結果を議長から書面で通知することにしている場合もあります。

3 陳情とは

(1) 陳情とは、自治体や国の機関に対して、その職務に関する事項について、希望、苦情又は要望を申し出ることをいいますが、請願の場合とは異なり、憲法や法律で保障された権利ではありません。陳情は、一定の事項について適当な措置を採って貰いたいという単なる訴えに過ぎず、**法律上の権利行使ではなく、事実上の行為にしか過ぎません**。請願の場合とは異なり「議員の紹介」は不要です。

(2) 請願の場合には、自治体の議会にも請願書の受理義務や誠実に処理する義務がありますが、陳情については、このような義務を定めた規定はありません。しかし、自治体の議会の会議規則には、次の例のような規定を設けて、**実務上は、請願書と同様の処理**をしています。

　　［例1］「議長は、陳情書又はこれに類するもので、その内容が請願に適合するものは、請願書の例により処理するものとする。」
　　［例2］「陳情書又はこれに類するもので、議長が必要があると認めるものは、請願書の例により処理するものとする。」

上の［例2］は、「議長が必要があると認めるものは」として議長の恣意的な判断を許すことになりますから、［例1］が優れています。

(3) 陳情書の最大のメリットは、自治体の議会に提出する場合でも「議員の紹介」が必要とされない点にあります。上記の［例1］のような会議規則の規定がある場合は、陳情書も請願書と同様に処理されますから請願と同様の目的を達することができます。議会以外の自治体の長その他の執行機関に提出する場合は、請願書でも「議員の紹介」は不要ですから、請願書として提出します。

(4) 自治体の議会での陳情の扱いについては、地方自治法109条2項が常任委員会は「請願等を審査する」と規定して、陳情も請願と同様に審査することとされています。陳情は、実務上は、請願と同様の処理がなされるのです。

4 国会の両議院に対する請願

(1) 各議院に請願をしようとする者は、その議院の「議員の紹介」により請願書を提出する必要があります（国会法79条）。地方議会に対する請願の場合と同様に「議員の紹介」を必要として請願権の行使を制約しています。

(2) 請願書の処理については、請願書は、各議院において委員会の審査を経た後にこれを議決します。委員会において議院の会議に付することを要しないと決定した請願は、これを会議に付しませんが、議員20人以上の要求のあるものは、これを会議に付する必要があります（国会法80条）。

(3) 各議院において採択した請願で、内閣において措置することを適当と認めたものは、これを内閣に送付します。この場合、内閣は、請願の処理の経過を毎年議院に報告する必要があります（国会法81条）。各議院は、各別に請願を受け、互いに関与しません（国会法82条）。

Q12 請願書や陳情書の書き方は、どうするのですか

A12

1　請願書の書き方

（1）　よく用いられる請願書には、①自治体の長（都道府県知事と市町村長）その他の執行機関（例えば、教育委員会）宛てのものと、②自治体の議会宛てのものがあります。①と②の相違は、②の地方議会あての請願書には、その議会の議員の紹介が必要となるのに対して、①の請願書には何らの制約がないことです。

（2）　①自治体の長その他の執行機関宛ての請願書の内容は多岐にわたりますが、効果的な活用方法としては、請願内容を質問（照会）の形式にして希望、苦情、要望を申し出るのが効果的です。単に請願書に希望、苦情、要望のみを記載して提出したのでは、請願書の提出先の反応が掴めませんから、質問の形式にして回答を求めるのです。質問（照会）の形式にした請願書を提出した場合には、請願法5条で、「この法律に適合する請願は、官公署において、これを受理し誠実に処理しなければならない」とする公務員の誠実処理義務が規定されていますから、質問に対する回答を得ることができる場合が多くなります。

（3）　請願法5条には、上述した通り、請願書に対する行政機関の誠実処理義務が規定されていますが、請願法の規定は、行政機関の具体的な回答義務を定めたものとは解されませんから、請願法の規定により行政機関に対して回答を求める権利は発生しません。しかし、行政機関の誠実処理義務が規定されている以上、請願書を放置してもよいとは解されませんので、回答のない場合には、自治体の個人情報保護条例を活用して、自分の提出した請願書とそれを処理したことの分かる文書について「本件請求者が平成〇年〇月〇日以降に提出した請願書及び各請願書を誠実に処理したことの分かる一切の文書」の開示を請求します。この開示請求をすると、提出した請願書を放置していたのか、どのよ

第３章　請願や陳情の制度は、どのように活用するのですか

うな処理をしたのかを知ることができます。

2　請願書の記載例

(1)　①自治体の長その他の執行機関宛ての質問形式の請願書の記載例は、次の通りです。

【記載例】

```
                    請　願　書
                                            平成○年○月○日
○○県知事　殿
                    請願者　〒000-0000　○県○市○町○丁目○番○号
                                    ○○○○　（印）
                        （電話番号 000-000-0000　FAX000-000-0000）

貴殿作成名義の平成○年○月○日付土木第○○○号文書の内容について（照会）

　標記について、下記の通り照会をするので、本書到達日の翌日から起算して
１週間以内に回答書を発送されるよう請願をする。期限までに発送することが
できない場合には、発送予定日を上記のFAXへ通知されたい。
                            記
１　　　　（照会事項の記載は省略）
２　　　　（照会事項の記載は省略）
                                                    以上
```

(2)　①自治体の長その他の執行機関宛ての請願を、(i)請願事項と、(ii)照会事項に分けて記載する場合もあります。

【記載例】

```
                    請　願　書
                                            平成○年○月○日
○○市長　殿
                    請願者　〒000-0000　○県○市○町○丁目○番○号
                                    ○○○○　（印）
```

(電話番号 000-000-0000　FAX000-000-0000)

〇〇市〇〇規則の一部改正について（請願）

　標記について、下記第1記載の通り請願をする。下記第2記載の通り照会をするので、本書到達日の翌日から起算して1週間以内に回答書を発送されるよう請願をする。期限までに発送することができない場合には、発送予定日を上記のFAXへ通知されたい。

記

第1　請願事項
　1　〇〇市〇〇規則の附則の3の全部を削除する。
　2　〇〇市〇〇規則第〇条の「…」を「…」に改める。
第2　照会事項
　1　上記第1記載の請願事項についての改正が不可能な理由はあるか。
　2　　　　　（以下省略）　　　　　　　　　　　　　　　　以上

(3)　②自治体の議会宛ての請願書の記載例は次の通りですが、議会宛ての請願書には、地方自治法124条によって「議員の紹介」が必要とされていますから、次例のような紹介議員の署名と押印が必要です。議員の数は1人で足りますが、多数の議員の署名と押印が得られた場合は採択の可能性が高くなります。次の記載例は、宛先を「〇〇町議会議長」としていますが、「〇〇町議会」としてもかまいません。議会ではなく議長という機関に対して請願書を提出する場合は、議会宛てと混同されないように明記しておきます。

【記載例】

請　願　書

平成〇年〇月〇日

〇〇町議会議長　　殿

　　　　　　　　　請願者　〒000-0000 〇県〇郡〇町大字〇〇 0000番地
　　　　　　　　　　　　　　　　　　　　　　　　　〇〇〇〇　（印）

　　　　　　　　　(電話番号 000-000-0000　FAX000-000-0000)
　　　　　　　　　紹介議員　　〇〇町議会議員　　　〇〇〇〇　（印）

第３章　請願や陳情の制度は、どのように活用するのですか

〇〇町情報公開条例の一部改正について（請願）

　標記について、下記の通り請願をする。請願の趣旨に沿って〇〇町情報公開条例の一部を改正されたい。

記

第１　〇〇町情報公開条例の一部改正の請願の内容
　　〇〇町情報公開条例の附則の２の全部を削除する。
第２　〇〇町情報公開条例の一部を改正する請願の理由
　１　現行の〇〇町情報公開条例の附則の２においては、「この条例の規定は、施行日以後に実施機関の職員が作成し又は取得した行政文書について適用する」と規定しているが、この附則の２の規定自体が、本件情報公開条例第１条の制定目的に反する規定である。
　２　本件情報公開条例第１条には、制定目的として「…」と規定するが、附則の２の規定自体が、この制定目的に反するものである。
　３　現行規定のような附則の２の規定がある場合には、〇〇町の各実施機関が保有する永年保存文書、10年保存文書等の重要文書を町民が永久に閲覧することができないこととなり、本件情報公開条例第１条の制定目的に反することとなって不当であることは言うまでもない。

以上

３　陳情書の書き方

（１）　議会以外の自治体の長その他の執行機関に対しては、請願権に基づいて提出できる請願書の形式によることができますから、陳情書を利用する必要はありません。しかし、議会に対する請願書には、地方自治法124条によって、その議会の「議員の紹介」が必要とされていますから、議員の紹介が得られない場合には、請願書に代えて陳情書を提出します。**陳情書のメリットは、議員の紹介が得られない場合でも、議会に対して請願書と同様の趣旨の陳情書を提出できる**点にあります。各自治体の議会の会議規則では、おおむね、「陳情書又はこれに類するもので、その内容が請願に適合するものは、請願書の例により処理するものとする」のように規定していますから、実際には、**陳情書は、請願書と同様に処理される**ことになります。

（２）　議会宛ての陳情書の記載例を示すと、次のようになります。

Q12 請願書や陳情書の書き方は、どうするのですか

【記載例】

陳 情 書

平成○年○月○日

○○町議会議長　殿

　　　　　　　　陳情者　〒000-0000 ○県○郡○町大字○○ 0000番地

　　　　　　　　　　　　　　　　　○○○○　（印）

　　　　　　　　　　　（電話番号 000-000-0000　FAX000-000-0000）

　　　　　　○○町情報公開条例の一部改正について（陳情）

標記について、下記の通り陳情をする。陳情の趣旨に沿って○○町情報公開条例の一部を改正されたい。

記

第１　○○町情報公開条例の一部改正の陳情の内容

　　○○町情報公開条例の附則の２の全部を削除する。

第２　○○町情報公開条例の一部を改正する陳情の理由

　１　現行の○○町情報公開条例の附則の２においては、「この条例の規定は、施行日以後に実施機関の職員が作成し又は取得した行政文書について適用する」と規定しているが、この附則の２の規定自体が、本件情報公開条例第１条の制定目的に反する規定である。

　（以下省略、上記請願書の内容と同様に記載する）

　　　　　　　　　　　　　　　　　　　　　　　　　　　　　　以上

第3章　請願や陳情の制度は、どのように活用するのですか

Q13 請願書や陳情書は、どのように処理されますか

A13

1　自治体の長その他の執行機関宛ての請願書や陳情書の処理

(1)　自治体の長（都道府県知事と市町村長）その他の執行機関（例えば、教育委員会）宛ての請願書や陳情書の処理方法については、具体的な法令の規定はなく、一般に自治体内部の規則でも定めていない場合が多いので、実際には、各自治体の執行機関の判断で適宜の処理がなされています。ただ、請願法5条では、「この法律に適合する請願は、官公署において、これを受理し誠実に処理しなければならない」として公務員の誠実処理義務を規定していますから、「誠実に処理」することを求めることはできます。

(2)　請願書が「誠実に処理」されたのか否かは請願者には分りませんから、請願書の処理状況を知るためには、請願書を処理するのに必要と考えられる相当の期間を経過した後に、自治体の個人情報保護条例を利用して自分の提出した請願書とそれの処理状況の分かる行政文書の開示請求をします。

(3)　自治体の個人情報保護条例については、**第2章**の**Q9**で説明しましたが、自治体の個人情報保護条例担当課から条例の写しと「保有個人情報開示請求書」用紙を入手し、「開示請求に係る保有個人情報の内容」欄に次のような内容を記載し、運転免許証のような身分証明書とともに持参して提出します。郵送による提出はできません。

> 本件請求者が、平成〇年〇月〇日以降に〇〇市長に提出した請願書の全部並びに当該各請願書を誠実に処理したことが分かる一切の起案文書その他の関連文書及びその一切の附属書類の各全部

(4)　自治体の長その他の執行機関には、陳情書の形式で提出する必要はあり

ません。陳情書でも、実務上は、請願書と同様の処理がなされますが、請願権に基づく権利の行使として提出すると少なくとも請願法上の保護は受けられます。

2 自治体の議会宛ての請願書や陳情書の処理

　自治体の議会宛ての請願書や陳情書の処理方法については、一般に各議会の会議規則に規定していますが、標準的な会議規則では、おおむね、以下に述べるような処理の手順を規定しています。

　①　議長は、請願を受理した場合は、①請願文書表（受理番号、請願者の住所・氏名、請願の要旨、紹介議員の氏名、受理年月日を記載した書面）を作成して各議員に配布するか、又は②受理番号と受理年月日を記載した請願書写しを各議員に配布します。

　②　議長は、①請願文書表又は②請願書写しの配布とともに、必要がないと認めた場合を除いて、請願事項を所管する常任委員会又は議会運営委員会に付託します。付託とは、本会議で処理すべき案件について事前の審査に付することをいいます。

　③　請願の内容が2以上の委員会の所管に属する場合には、2以上の請願が提出されたものとみなし、それぞれの委員会に付託します。

　④　付託された委員会は、審査のため必要があると認める場合は、紹介議員の説明を求めることができます。紹介議員は、この求めがあった場合には、これに応じる必要があります。

　⑤　委員会は、請願についての審査の結果を、①採択すべきものと②不採択とすべきものに区分して議長に報告する必要があります。委員会は、必要があると認める場合には、請願の審査結果に意見を付けることができます。

　⑥　採択すべきものと決定した請願で、自治体の長その他の関係機関に送付することを適当と認めるものとその処理の経過や結果の報告を請求することを適当と認めるものについては、その旨を付記する必要があります。

　⑦　地方自治法125条では、自治体の議会は、その採択した請願で自治体の

長、教育委員会その他の行政委員会、監査委員において措置することが適当と認めるものは、これらの者に送付し、かつ、その請願の処理の経過や結果の報告を請求することができるものとしています。

3　自治体の議会宛ての請願書や陳情書の取り扱い

(1)　請願書の内容が自治体の事務に関係がなく自治体において措置することのできない事項（例えば、外交交渉）であった場合でも、請願書の形式が適法である場合は、議長は受理を拒否することはできません。この場合の取り扱いは、一般に不採択とされますが、地方自治法99条は、「普通地方公共団体の議会は、当該普通地方公共団体の公益に関する事件につき意見書を国会又は関係行政庁に提出することができる」と規定していますから、意見書の提出を求める請願書では、採択される場合もあり得ます。

(2)　陳情書の取り扱いについては、標準的な会議規則では、「議長は、陳情書又はこれに類するもので、その内容が請願に適合するものは、請願書の例により処理するものとする」と規定していますから、実際には、多くの地方議会では請願書と同様の処理がなされています。

(3)　請願書や陳情書が議会に提出された場合には、議長は、法令や会議規則には規定はないものの、その事案を所管する執行機関の意見を聴く場合があります。この場合には、執行機関から「請願調書」又は「陳情調書」のような書面が議会に提出されますから、請願者や陳情者は、執行機関の考え方を知るために情報公開条例又は個人情報保護条例を利用してこれらの開示請求をします。

Q14 請願法の内容は、どうなっていますか

A14

1 請願法とは

（1） 請願法とは、憲法16条で保障された請願権に関する一般法で、請願の方法、請願書の提出先、請願の処理その他について規定した昭和22年に施行された法律をいいます。憲法16条は、「何人も、損害の救済、公務員の罷免、法律、命令又は規則の制定、廃止又は改正その他の事項に関し、平穏に請願する権利を有し、何人も、かかる請願をしたために、いかなる差別待遇も受けない」と規定しています。

（2） 請願法は、請願に関する一般法ですから（請願法1条）、別に法律の定める場合には、その規定によることになります。例えば、①自治体（都道府県と市町村）の議会に対する請願については、地方自治法124条の規定によって、その議会の議員の紹介を要することとしています。②国会の各議院に対する請願については、国会法79条の規定によって、その議院の議員の紹介を要することとされています。この場合の「紹介」の意味については、その請願に賛意を必要と解する説と必要としないと解する説とがあります。

2 請願法の内容

（1） 請願は、請願者の氏名（会社のような法人の場合は、名称）及び住所（住所のない場合は、居所）を記載し、文書でする必要があります（請願法2条）。住所とは、各人の生活の本拠の場所（法人では本店所在場所）をいいます。居所とは、住所（生活の本拠）とはいえないが、多少の期間継続して居住している場所をいいます。

（2） 請願書の提出先は、請願の事項を所管する官公署に提出する必要があります。天皇に対する請願書は、内閣に提出する必要があります（請願法3条1

項)。官公署とは、国の機関や自治体の機関その他の公の機関をいいます。請願の事項を所管する官公署が明らかでない場合は、請願書を内閣に提出することができます(請願法3条2項)。

(3)　請願書が誤って所管の官公署以外の官公署に提出された場合は、その官公署は、請願者に正当な官公署を指示し又は正当な官公署にその請願書を送付する必要があります(請願法4条)。

(4)　請願法に適合する請願は、官公署において、これを受理し誠実に処理する必要があります(請願法5条)。ただ、請願法には、官公署に誠実に処理する義務は負わせているものの、具体的な措置を採る義務の規定はありませんから、国民には官公署に対して措置を求める具体的な権利はないと解されています。この意味で、請願により何らかの法律上の効果が発生するものではありません。

(5)　請願法6条には、「何人も、請願をしたためにいかなる差別待遇も受けない」として差別待遇の禁止を規定していますが、請願権を憲法上の権利として保障している以上、国家権力による差別待遇が禁止されることは自明のことですから、この規定は、公的にも私的にも差別待遇を禁止するものであると解されています。

第4章 裁判制度は、どのように活用するのですか

Q15 民事訴訟の仕組みは、どのようになっているのですか

A15

1 民事訴訟とは

(1) 民事訴訟とは、社会生活を営む中から生ずる個人間の紛争を裁判所が法律を適用して解決する手続をいいますが、行政機関のした行政処分の取消訴訟や住民訴訟のような行政事件訴訟も民事訴訟の手続によって行われます。行政事件訴訟法7条では、「行政事件訴訟に関し、この法律に定めがない事項については、民事訴訟の例による」と規定しており、民事訴訟の手続は民事訴訟法に規定しています。刑事事件（例えば、殺人事件、傷害事件）の訴訟手続は、刑事訴訟法に規定しています。

(2) 国家賠償法によって自治体や国を被告として提起する①公務員の違法行為（不法行為）により受けた損害の賠償請求や②自治体や国の施設の欠陥により受けた損害の賠償請求は、行政訴訟と言われることがありますが、国家賠償請求訴訟は、通常の民事訴訟の手続によって行われます。

(3) 行政機関のした行政処分（例えば、行政文書の非公開処分）の取消訴訟や自治体の違法な公金支出をした者に対して損害賠償を求める住民訴訟のような行政訴訟には、行政事件訴訟法が適用されますが、実際の訴訟手続は、民事訴訟法の規定によって進められます。民事訴訟の制度は、多くの場面で市民運動の「道具」として使われています。

第4章 裁判制度は、どのように活用するのですか

2　民事訴訟の仕組み

(1)　民事訴訟の対象となる紛争の種類は無数にありますが、民事訴訟の仕組みは簡単で、

> ①　先ず、事実があって（証拠によって事実認定をして）
> ②　その事実に法律を適用して
> ③　判決を下す

というだけのことです。裁判官は、具体的な事実はどうであったのかを証拠によって認定をしますが、この事実認定を誤ると誤判決となります。誤判決と分かる場合は、例えば、①自分の運転する自動車が赤信号で停止中に追突されケガをして半年入院したのに治療費の請求を認めない場合や②ある土地がAの所有かBの所有かが争われた場合に、一審判決はA所有とし、二審判決はB所有とした場合は、いずれかの判決が誤っているのです。

(2)　民事訴訟の手続の仕組みは、次の3段階となります。

> ①　申立　　（原告が裁判所に訴状を提出すること）
> ②　主張　　（申立の理由づけをすること）
> ③　立証　　（自分の主張した事実を証明すること）

①　申立とは、原告（訴えを提起した者）が裁判所に訴状という書面を提出して訴えを提起することをいいます。申立には、(a)原告が裁判所に対して行う「訴え」と、(b)原告が裁判所を通して被告（訴えられた者）に対して行う権利主張である「請求」の両方を含みます。

②　主張とは、当事者（原告と被告）が、それぞれ自分の言い分を述べることをいいます。原告は、自分の申立が正当であるとする根拠を述べ、それに対して、被告は、その申立が正当でないとする根拠を述べます。これらの主張は、準備書面（裁判所で審理をする期日の前に提出する主張を書いた書面）に記載して提出します。

③　立証とは、相手方が、互いに主張する事実について「否認する（争う）」又は「不知（知らない）」と答えた事実について証拠によって証明

する手続をいいます。民事訴訟の手続の中で立証の段階が最も重要です。立証によっても事実の真偽が不明の場合でも裁判官は裁判を拒否することはできませんから、事実の真偽が不明の場合には立証責任（証明責任）を負う当事者が敗訴の判断を受ける仕組みを採っています。立証責任とは、ある事実が真偽不明の場合に不利な判断を受けるように定められている一方の当事者の不利益をいいます。一般に立証責任は原告が負う場合が多いのですが、立証責任がいずれの当事者にあるのかは法律の規定によって決まっており訴訟の経過によって変動することはありません。

3　民事訴訟の手続の流れ

(1)　民事訴訟の手続の主な流れは、次のようになります。これらの手続は、民事訴訟法と民事訴訟規則に定められています。

訴えの提起
① 原告は裁判所に訴状（裁判所用と被告用）を提出します。
② 原告は手数料として指定された収入印紙を提出します。
③ 原告は指定された種類の郵便切手を提出します。

⇩

訴状の審査
① 裁判官が訴状が適法かどうかを審査します。
② 補正が必要な場合は補正命令をし、従わない場合は却下します。

⇩

訴状の送達
① 裁判所は適法と認めた訴状を被告に特別の郵便で送ります。
② 被告には訴状のほか、第1回口頭弁論期日の呼出状、答弁書の提出期限通知書が同封されます。原告には呼出状が送付されます。

⇩

答弁書の提出
① 被告は訴状の内容に対する応答を書いた答弁書を指定の期限までに裁判所に提出し原告にも直送します。
② 原告に直送できない場合には裁判所書記官に送付を依頼します。

第4章 裁判制度は、どのように活用するのですか

⬇

第1回口頭弁論期日
① 原告は訴状を陳述し、被告は答弁書を陳述します。
② 裁判官が次回の口頭弁論期日を指定します。

⬇

口頭弁論の続行
① 判決ができるようになるまで口頭弁論は続行されます。
② 各期日の前には各当事者は準備書面を提出します。
③ 場合によっては弁論準備手続などに移行します。

⬇

証拠調べ
① 口頭弁論により争点が明確になると証拠調べ手続に入ります。
② 証拠調べには各当事者からの証拠の申出が必要です。

⬇

弁論の終結
① 判決ができるようになった時に口頭弁論を終結します。
② 裁判長は判決の言い渡し期日を指定します。
③ 弁論の終結前に裁判長は和解を勧める場合があります。

⬇

判決の言い渡し
① 判決は言い渡しによって成立し判決の効力が生じます。
② 判決の言い渡し期日に法廷に出頭する必要はありません。

⬇

上　訴
① 一審判決に不服のある当事者は控訴を提起することができます。
② 二審判決に不服のある当事者は上告や上告受理申立をすることができますが、いずれも厳格な要件を満たした場合に限られます。

(2) 民事訴訟は当事者（原告と被告）本人が行うのが原則ですが、当事者本人に時間的余裕のない場合や医療過誤訴訟のような専門的知識を必要とする場合には、訴訟代理人としての弁護士に依頼する場合もあります。弁護士に訴訟代理人を依頼した場合には、当事者本人は法廷に出頭する必要はありません。

(3) 民事訴訟の制度を市民運動の道具として利用する主な場合として、①国家賠償請求訴訟、②住民訴訟、③行政処分（例えば、行政文書の非開示処分）の取消訴訟がありますが、これらの訴訟手続は、いずれも民事訴訟の手続と同様になります。民事訴訟の制度を市民運動の道具として利用する場合には、本人訴訟をする場合も多いのです。

Q16
国家賠償請求訴訟とは、どういうものですか

A16

1 国家賠償請求訴訟とは

(1) 国家賠償請求訴訟とは、①自治体や国の公務員の不法行為（違法行為）により損害を受けた者又は②自治体や国の道路、河川その他の施設の欠陥（瑕疵）により損害を受けた者が、国家賠償法の規定に基づいて自治体や国に損害賠償請求をする訴訟をいいます（国家賠償法1条・2条）。

(2) 国家賠償法1条は、公務員の不法行為による賠償責任について次の通り規定しています。この規定は、憲法17条の「何人も、公務員の不法行為により損害を受けたときは、法律の定めるところにより、国又は公共団体に、その賠償を求めることができる」とする規定に基づいて制定されたものです。

> **国家賠償法1条**
> ① 国又は公共団体の公権力の行使に当たる公務員が、その職務を行うについて、故意又は過失によって違法に他人に損害を加えたときは、国又は公共団体が、これを賠償する責に任ずる。
> ② 前項の場合において、公務員に故意又は重大な過失があったときは、国又は公共団体は、その公務員に対して求償権を有する。

1項の「公権力の行使」とは、自治体や国が私人に対して命令し強制する権限を用いることをいいます。公務員の行為であっても、公立病院の医師の手術のような行為は公権力の行使に該当しないので、その医療過誤については民法上の責任（不法行為責任、債務不履行責任、使用者責任）を負うことになります。公務員の行為が公権力の行使に当たる場合には、自治体や国が被告となりますから、公務員個人を被告として国家賠償請求訴訟を提起することはできません。損害には精神的損害も含まれます。

2項は、自治体や国が損害を弁済した場合には、公務員に故意又は重大な過失があった場合に限り、その公務員に対して求償（弁済した者が他人にその返還

を求めること）することができるとしています。

（3）　国家賠償法2条は、自治体や国の道路、河川その他の施設の欠陥（瑕疵）により損害を受けた者が、自治体や国に対して損害賠償請求をする場合について規定しています。

> **国家賠償法2条**
> ①　道路、河川その他の公の営造物の設置又は管理に瑕疵があったために他人に損害を生じたときは、国又は公共団体は、これを賠償する責に任ずる。
> ②　前項の場合において、他に損害の原因について責に任ずべき者があるときは、国又は公共団体は、これに対して求償権を有する。

1項の「公の営造物」とは、自治体や国によって直接に公の目的のために供用されている道路、河川、物的設備その他の有体物をいいますから、公用に供される自動車、航空機、船舶のほか、警察官の拳銃、警察犬のような動産も含まれます。「設置又は管理の瑕疵」とは、公の営造物が通常備えるべき性質又は設備に欠陥があり本来の安全性に欠けている状態をいいます。

2項は、自治体や国が損害を弁済した場合には、公の営造物の瑕疵（欠陥）について責任を負うべき者が不当に利得することになるから、その者に対して求償（弁済した者が他人にその返還を求めること）することができるとしています。

2　国家賠償法1条の公務員の不法行為による国家賠償請求訴訟の利用例

（1）　公務員の違法な公権力の行使の例には、行政文書の違法な非開示処分がありますが、この場合の救済方法には、次の3つの行政救済手続があります。これらの行政救済手続は、いずれかひとつを利用することも、全部を利用することもできます。

①　行政事件訴訟法3条2項の違法な行政処分の取消訴訟
②　行政不服審査法による不服申立（異議申立又は審査請求）
③　国家賠償法1条1項の公務員の不法行為による国家賠償請求訴訟

（2）　行政事件訴訟法3条2項の行政処分の取消訴訟とは、行政庁（例えば、知事、市町村長、大臣のような自治体や国のために意思決定のできる権限を有する

第4章 裁判制度は、どのように活用するのですか

行政機関）のなした違法な行政処分（例えば、違法な非公開処分）の取消を請求する訴訟をいいます。行政処分は、たとえ違法な処分であっても、正当な権限を有する機関（裁判所や行政機関）による取消がなされるまでは、有効なものとして扱われる効力（公定力といいます）があります。取消訴訟の手続も、通常の民事訴訟と同様の手続で行われます。

(3) 行政不服審査法による不服申立には、①異議申立と②審査請求とがあります。①異議申立とは、上級の行政機関のない場合に行政処分をした行政庁に対する不服申立をいいます。②審査請求とは、上級の行政機関がある場合に行政処分をした行政庁の上級の行政庁に対する不服申立をいいます。これらの不服申立は、いずれも行政機関に対してなされますから、ほとんど効果がありません。単に国民に対するガス抜きの制度といえます。この不服申立の制度の利用には、裁判の場合と異なり費用はかかりません。

(4) 国家賠償法1条1項の公務員の不法行為による国家賠償請求訴訟は、裁判所に対する不服申立ですから、通常の民事訴訟の手続で行われます。この場合の公務員の不法行為は、次の要件を満たすことが必要です。

① 自治体や国の公務員の公権力の行使であること
② その公務員の職務執行について故意又は過失があること
③ その公務員の行為が違法な行為であること
④ その公務員の不法行為により損害が発生したこと（因果関係が必要）

3 国家賠償請求訴訟の活用事例

【事例】 Aが○市情報公開条例により行政文書の開示請求をしたが、○市市長が違法な非開示処分をしたので、情報公開請求権が侵害され甚大な精神的苦痛を受けたとして精神的損害に対する慰謝料の請求をした国家賠償請求訴訟を提起した場合の訴状の書式例です。日本の裁判所では慰謝料は極めて低額しか認めませんから、次例の訴状では、裁判の手数料の最低額千円（賠償請求額は10万円）の場合としています。

<h1 style="text-align:center">訴　状</h1>

平成○年○月○日

○○簡易裁判所　御中

原告　　　　A　　（印）
〒000-0000 ○県○市○町○丁目○番○号（送達場所）
原告　　　　A
（電話 000-000-0000）
〒000-0000 ○県○市○町○丁目○番○号
被告　　　　○市
代表者市長　　○○○○

国家賠償請求事件
　訴訟物の価額　　金10万円
　貼用印紙額　　　金1,000円

第1　請求の趣旨
　1　被告は、原告に対し、金10万円及びこれに対する本件訴状送達の日の翌日から支払済みまで年5分の割合による金員を支払え。
　2　訴訟費用は、被告の負担とする。
　3　仮執行宣言

第2　請求の原因
　（注）次のように原告の請求である審判の対象を特定するのに必要な事実を記載します。
　　①　当事者（原告と被告）の地位（開示請求者と実施機関）
　　②　開示請求をした年月日とその開示請求の内容
　　③　開示請求に対する行政処分をした年月日と非開示処分の内容
　　④　公権力の行使に当たる公務員の不法行為の内容と不法行為の成立要件
　　⑤　原告の情報公開請求権の侵害とそれに対する精神的損害
　　⑥　国家賠償法1条1項の規定による賠償請求である旨

証拠方法

1　甲第1号証　　○市情報公開条例写し
2　甲第2号証　　平成○年○月○日付土木第○○○号の非開示決定通知書

附属書類

1　訴状副本　　　　　　1通
2　甲号証写し　　　　　各2通

以上

第4章　裁判制度は、どのように活用するのですか

（1）　上記の事例で、Aが採ることができる行政救済手続には、①国家賠償請求訴訟のほかに、②行政事件訴訟法による非開示処分の取消訴訟や③行政不服審査法による不服申立がありますが、国家賠償請求訴訟は、費用をあまりかけずに、裁判所の判断が得られる点にメリットがあります。取消訴訟を提起する場合は訴訟物の価額は算定不能の160万円とみなされ手数料額（収入印紙額）は13,000円となります。

（2）　訴訟物の価額が140万円以下の場合の管轄裁判所は簡易裁判所となりますから、原告の住所地を管轄する簡易裁判所に訴状を提出します。しかし、訴状を提出した簡易裁判所の職権で事件を地方裁判所に移送する場合があります。

（3）　公務員の不法行為を理由とする国家賠償請求訴訟でも、被告は、その公務員の属する自治体や国となり公務員個人を被告とすることはできません。ただし、公立病院の医師の医療過誤訴訟のように公権力の行使に当たらない場合は、国家賠償法は適用されないので、民法の規定に従い医師個人と使用者としての公立病院（例えば、自治体）が被告となります（民法709条・715条）。

（4）　訴状の「請求の趣旨」には、原告がその訴えでどのような判決を求めるのかを記載します。一般に原告が勝訴した場合の判決の主文に対応する文言が用いられます。仮執行宣言とは、判決が確定する前に強制執行をすることができる効力を与える裁判をいいます。

（5）　訴状の「請求の原因」には、原告の請求である「審判の対象」を特定するのに必要な事実を記載します。

（6）　証拠方法とは、裁判官が事実を認定する資料として取り調べる①物的証拠（物証）と②人的証拠（人証）をいいます。①物証には、文書（書証）、場所その他の物があり、②人証には、証人、鑑定人、当事者本人があります。訴状には主な書証の写しを添付しますが、審理が開始した後は、適切な時期に人証や物証を提出する必要があります。

（7）　一審判決に不服がある当事者（原告又は被告）は、「控訴」を提起することができます。控訴の手数料（収入印紙）は訴状の場合の1.5倍となります。二審判決に不服がある当事者は、上告を提起することができますが、上告でき

る場合は極端に制限されています。上告の手数料（収入印紙）は訴状の場合の2倍となります。最高裁判所に上告できる場合は、最高裁判所に上告受理申立をすることもできます。

第4章　裁判制度は、どのように活用するのですか

Q17
住民訴訟とは、どういうものですか

A17

1　住民訴訟とは

(1)　住民訴訟とは、**第1章**で説明した住民監査請求をした住民が監査結果に不服がある場合に自治体の違法な公金支出その他の財務会計行為や怠る事実を是正し防止し又は損害を回復するために提起する訴訟をいいます（地方自治法242条の2）。

(2)　住民訴訟を提起することができる者は、その自治体の住民であって、かつ、適法な住民監査請求を経た者に限られます。監査委員が住民監査請求を不適法として却下した場合（監査に着手せずに門前払いにした場合）でも住民訴訟を提起することはできますが、裁判所でも不適法な住民監査請求であると認めた場合は訴えが却下されます。実務上は、適法な住民監査請求が棄却された場合（住民の請求には理由がないと判断された場合）に住民訴訟を提起するのが無難です。

(3)　住民監査請求の対象が「違法又は不当な」公金支出その他の財務会計行為や怠る事実とされているのに対して、住民訴訟の対象は、「違法な」公金支出その他の財務会計行為や怠る事実に限られています。つまり、「違法な」ものに限定されているのです。

(4)　住民訴訟の対象となる「違法な」4種類の財務会計行為と「違法な」2種類の怠る事実は次の通りです。

> ①　違法な公金の支出　　　　　　　　　　　　　　　（財務会計行為）
> ②　違法な財産の取得・管理・処分　　　　　　　　　（財務会計行為）
> ③　違法な契約の締結・履行　　　　　　　　　　　　（財務会計行為）
> ④　違法な債務その他の義務の負担　　　　　　　　　（財務会計行為）
> ⑤　違法な公金の賦課徴収を怠る事実（不作為・職務怠慢）　（怠る事実）

⑥　違法な財産の管理を怠る事実（不作為・職務怠慢）　　（怠る事実）

2　住民訴訟によって裁判所に請求することができる事項は

(1)　住民訴訟によって裁判所に請求することができる事項は、地方自治法242条の2の規定によって次の「第1号請求から第4号請求」までの4類型とされています。平成14年の地方自治法の改悪により第4号請求の被告が従来の公務員個人から自治体の執行機関に変わっています（地方自治法242条の2）。もっとも活用されるのは、4号請求です。

①　執行機関又は職員に対する財務会計行為の全部又は一部の差し止めの請求（第1号請求）
②　行政処分である財務会計行為の取消又は無効確認の請求（第2号請求）
③　執行機関又は職員に対する怠る事実の違法確認の請求（第3号請求）
④　職員又は財務会計行為若しくは怠る事実に係る相手方に損害賠償請求又は不当利得返還請求をすることをその自治体の執行機関又は職員に対して求める請求（ただし、職員又は財務会計行為若しくは怠る事実に係る相手方が地方自治法243条の2第3項の規定による賠償命令の対象となる者である場合にあっては、その賠償命令をすることを求める請求）（第4号請求）

(2)　第1号請求（執行機関又は職員に対する財務会計行為の全部又は一部の差し止めの請求）とは、自治体の住民が裁判所に自治体の執行機関（例えば、自治体の長、教育委員会その他の委員会、監査委員）又は職員（執行機関の補助機関）の違法な財務会計行為の差し止めを求める請求をいいます。例えば、違法な補助金支出の差し止めの請求、違法な公共工事請負契約の締結行為の差し止めの請求、違法な退職金支出の差し止めの請求があります。ただし、差し止め請求訴訟を提起しただけでは財務会計行為の執行を停止する効力はありません。第1号請求の被告は、執行機関又は職員となります。

第4章　裁判制度は、どのように活用するのですか

(3)　第2号請求（行政処分である財務会計行為の取消又は無効確認の請求）は、財務会計行為が、①行政処分（公権力の行使として国民に法的規制をなす行為）としての性格を有する場合は取消請求、②行政処分が無効の場合はそれを確認する無効確認の請求を認めたものです。第2号請求の例は少ないのですが、例えば、(a)市民会館のような行政財産（自治体の所有する公用又は公共用に供する財産）の目的外使用許可処分（例えば、市民会館を民間業者の結婚式場として使用許可をした場合）、(b)市道の用途廃止処分（市道として使われているのに市道としての用途を止めた場合）があります。第2号請求の被告は、取消又は無効確認を求める行為をなした執行機関となります。

(4)　第3号請求（執行機関又は職員に対する怠る事実の違法確認の請求）は、公金の賦課徴収を怠る事実と財産の管理を怠る事実に対する違法確認の請求を認めたものです。第3号請求の被告は、執行機関又は職員（執行機関の補助機関）となります。

(5)　第4号請求（職員又は財務会計行為若しくは怠る事実に係る相手方に損害賠償請求又は不当利得返還請求をすることをその自治体の執行機関又は職員に対して求める請求。ただし、職員又は財務会計行為若しくは怠る事実に係る相手方が地方自治法243条の2第3項の規定による賠償命令の対象となる者である場合にあっては、その賠償命令をすることを求める請求）は、平成14年の地方自治法の改悪により従来の個人を被告とする制度が廃止され、次例の「請求の趣旨」のように被告を執行機関とし、責任のある個人に執行機関から損害賠償請求をする制度に変更されました。この請求が、もっとも活用されます。

> 【例1】　第4号本文による場合の「請求の趣旨」の記載例
> 　「被告（執行機関）は、〇〇〇〇（責任のある個人の氏名）に対し、金〇億円及びこれに対する平成〇年〇月〇日から支払済みまで年5分の割合による金員を請求せよ。」

> 【例2】　第4号但書による場合の「請求の趣旨」の記載例
> 　「被告（執行機関）は、〇〇〇〇（責任のある個人の氏名）に対し、金〇億円及びこれに対する平成〇年〇月〇日から支払済みまで年5分の割合による金員の賠償の命令をせよ。

3 住民訴訟を提起することができる期間(出訴期間)と管轄裁判所

(1) 住民訴訟を提起することができる期間(出訴期間)は、次の4つの場合とも、いずれも30日以内とされています(地方自治法242条の2第2項)。30日の期間の計算は初日を算入せず翌日から計算します。出訴期間が短いので、実務上は、住民監査請求書を提出した時点から住民訴訟の訴状作成や証拠の準備を開始します。

> ① 監査委員の監査結果又は勧告に不服がある場合は、監査結果又は勧告の通知があった日から30日以内
> ② 監査委員の勧告を受けた議会、自治体の長その他の執行機関又は職員の措置に不服がある場合は、その措置に係る監査委員の通知があった日から30日以内
> ③ 監査委員が住民監査請求をした日から60日を経過しても監査や勧告を行わない場合は、60日を経過した日から30日以内
> ④ 監査委員の勧告を受けた議会、自治体の長その他の執行機関又は職員が措置を講じない場合は、勧告に示された期間を経過した日から30日以内

(2) 住民訴訟を提起する管轄裁判所は、その自治体の事務所(都道府県庁や市町村役場)の所在地を管轄する地方裁判所本庁の専属管轄(管轄が特定の裁判所のみに限定されていること)とされています。

第4章 裁判制度は、どのように活用するのですか

Q18
行政処分の取消訴訟とは、どういうものですか

A18

1 行政処分の取消訴訟とは

(1) 行政処分の取消訴訟とは、行政庁（自治体や国のような行政主体のために意思決定をする権限を有する自治体の長、委員会、大臣のような行政機関）の処分その他の公権力の行使に当たる行為の取消を求める行政事件訴訟法による訴訟をいいます。例えば、知事や市町村長のなした行政文書の違法な非開示処分の取消を求める訴訟があります（行政事件訴訟法3条2項）。

(2) 行政処分の取消訴訟を提起することができる者（原告適格を有する者）は、その行政処分（例えば、行政文書の非開示処分）の取消を求めるについて法律上の利益を有する者に限られます（行政事件訴訟法9条1項）。法律上の利益を有する者の範囲は、事件の性質によって異なりますが、例えば、行政文書の非開示処分の場合は、行政文書の開示請求者（行政処分の相手方）がこれに当たります。

(3) 行政処分の取消訴訟の被告となる者（被告適格を有する者）は、その行政処分をした行政庁が自治体や国に所属する場合には、その行政処分をした行政庁の所属する自治体又は国を被告として提起することになります（行政事件訴訟法11条1項）。実務上は、行政処分の通知書（例えば、行政文書の非開示決定通知書）の中で被告が教示されます。例えば、知事のした非開示処分の場合の教示は、行政不服審査法による不服申立の教示と併せて、次例の通り教示されます。この場合の管轄裁判所は県庁所在地の地方裁判所となります。

> この処分に不服があるときは、この処分があったことを知った日の翌日から起算して60日以内にA県知事に対して異議申立をすることができます。
> また、この処分の取消の訴えは、この処分があったことを知った日（異議申立をした場合には、これに対する決定があったことを知った日）の翌日から起算して6

> 箇月以内にA県を被告として提起することができます。

(4) 行政処分の取消訴訟を提起することができる期間（出訴期間）は、次のようになっています（行政事件訴訟法14条）。

> ① 行政処分があったことを知った日から6箇月以内（ただし、正当な理由がある場合は除かれます）
> ② 行政処分があったことを知らなかった場合は行政処分から1年以内（ただし、正当な理由がある場合は除かれます）
> ③ 行政処分について行政不服審査法による審査請求や異議申立をした者については、審査請求に対する裁決や異議申立に対する決定があったことを知った日から6箇月以内。知らなかった場合は裁決や決定から1年以内（ただし、いずれも正当な理由がある場合は除かれます）

(5) 行政処分について行政不服審査法による不服申立（審査請求か異議申立）をすることができる場合であっても、不服申立をせずに直ちに行政事件訴訟法に基づく取消訴訟を提起することができます。実務上は、取消訴訟を提起する必要がある場合には、行政不服審査法による不服申立の結論を待つことは時間の無駄になりますから、直ちに取消訴訟を提起します。

(6) 行政庁が行政処分をした場合には、行政不服審査法57条による不服申立（審査請求か異議申立）や行政事件訴訟法46条による取消訴訟の提起について、行政処分の相手方に次の事項を教示する必要があります。
　① 行政不服審査法57条では、処分の相手方に対し、その処分について不服申立をすることができる旨、不服申立をすべき行政庁、不服申立のできる期間を書面で教示する必要がある旨を規定しています。
　② 行政事件訴訟法46条では、処分の相手方に対し、次の事項を書面で教示する必要がある旨を規定しています。
　　ア　その処分に係る取消訴訟の被告とすべき者
　　イ　その処分に係る取消訴訟を提起することができる期間（出訴期間）
　　ウ　法律に処分についての審査請求に対する裁決を経た後でなければ処

第4章 裁判制度は、どのように活用するのですか

　　　分の取消訴訟を提起することができない旨の定めがある場合は、その
　　　旨

2　行政文書非開示処分の取消訴訟の訴状の記載例

(1)　行政文書の非開示処分がA県知事によってなされた場合の取消訴訟の訴状の記載例は次の通りとなります。

訴　　状

平成○年○月○日

○○地方裁判所　御中

原告　　　○○○○（印）
〒000-0000 ○県○市○町○丁目○番○号（送達場所）
原告　　　○○○○
（電話 000-000-0000）
〒000-0000 ○県○市○町○丁目○番○号
被告　　　A県
代表者知事　　○○○○

行政文書非開示決定処分取消請求事件
　　訴訟物の価額　　金160万円（算定不能）
　　貼用印紙額　　　金13,000円

第1　請求の趣旨
　1　被告の実施機関が、原告に対して、平成○年○月○日付土木発第○○号「行政文書非開示決定通知書」でなした行政文書非開示決定処分を取り消す。
　2　訴訟費用は、被告の負担とする。

第2　請求の原因
　1　原告は、○県○市に住所を有する者である。被告は、A県情報公開条例（甲第1号証）の実施機関の所属する普通地方公共団体である。
　2　原告は、被告の実施機関に対して、A県情報公開条例に基づき平成○年○月○日付「行政文書開示請求書」（甲第2号証）を提出し、次の行政文書の開示を請求して閲覧及び写し交付を求めた。
　　　　　　　（請求内容の記載は省略）
　3　これに対して、被告の実施機関は、平成○年○月○日付土木発第○○号「行政文書非開示決定通知書」（甲第3号証）によって当該行政文書の非開示

決定処分をなした。
4　しかし、本件非開示決定処分は、当該行政文書が何らＡ県情報公開条例に規定する非開示事由に該当しないにもかかわらず、該当するとしてなされた違法な行政処分である。
5　よって、原告は、本件非開示決定処分の取消を求める。

証拠方法

1　甲第１号証　　　Ａ県情報公開条例写し
2　甲第２号証　　　平成○年○月○日付「行政文書開示請求書」写し
3　甲第３号証　　　平成○年○月○日付土木発第○○号「行政文書非開示決定通知書」

附属書類

1　訴状副本　　　　　１通
2　甲号証写し　　　　各２通

以上

(2) 行政文書の非開示処分の取消訴訟の訴状で注意することは次の通りです。
　① 被告は、平成17年施行の改正行政事件訴訟法により行政処分をした行政庁の所属する自治体や国となりました。ただし、国を代表する者は法務大臣となりますが、自治体を代表する者は、情報公開条例の実施機関が自治体の長（知事や市町村長）の場合は長、議会の場合は議長、教育委員会の場合は教育委員会、監査委員の場合は代表監査委員、選挙管理委員会の場合は選挙管理委員会のようになります。
　② 訴訟物の価額（訴額）は、原告の請求が財産権上の請求でないので算定不能として民事訴訟費用等に関する法律4条により160万円とみなされます。160万円の場合の貼用印紙額は13,000円となります。
　③ 「請求の趣旨」には、原告が、その訴訟でどのような内容の判決を求めるのかを記載します。一般に原告が勝訴した場合の判決の主文に対応する文言が用いられます。行政文書の非開示処分の取消訴訟では、上例のように記載します。
　④ 「請求の原因」には、原告の請求を特定するのに必要な事実を記載します。この記載によって審判の対象（訴訟物）が明確になります。上例

第4章　裁判制度は、どのように活用するのですか

では、当事者（原告と被告の性質）、特定事項について開示請求をした事実、開示請求に対して非開示処分がなされた事実、非開示処分が違法であるとする主張を記載しています。

⑤　非開示処分の取消訴訟においては、非開示処分をした行政庁（行政機関）の側に非開示処分が違法でないことの立証責任（証明責任）があると解されています。

Q19
裁判官の忌避と訴追請求の制度は、どうなっていますか

A19

1 裁判官の忌避の制度とは

（1） 裁判官の忌避の制度とは、裁判官について「裁判の公正を妨げるべき事情」がある場合に、当事者（原告や被告）からの申立によって、その裁判官をその事件についての職務執行から排除する制度をいいます（民事訴訟法24条）。例えば、①当事者の一方が裁判官の内縁の妻である場合、②当事者と裁判官が親友である場合があります。

（2） 裁判官の忌避の制度と同様の趣旨の制度として「裁判官の除斥」の制度があります。裁判官の除斥とは、裁判官は特定の事件との間に法律の定める特殊の関係がある場合に、法律上当然にその事件についての職務執行から排除される制度をいいます（民事訴訟法23条）。例えば、①当事者の一方が裁判官の配偶者である場合、②裁判官が当事者の4親等内の血族である場合があります。

（3） 裁判官の忌避や除斥と同様の趣旨の制度として「裁判官の回避」の制度があります。裁判官の回避の制度とは、除斥や忌避の原因があると認める場合には、監督権を有する裁判所の許可を得て自らその事件についての職務執行を避けることをいいます（民事訴訟規則12条）。

（4） 裁判官の除斥や忌避の申立は、その原因を明示して、その裁判官の所属する裁判所にする必要があります（民事訴訟規則10条）。除斥の原因が認められる場合は、通常、裁判官自身が回避をしますが、回避をしなかった場合は、裁判所の決定で裁判をします（民事訴訟法25条）。除斥や忌避の対象とされた裁判官は、その裁判に関与することはできません。裁判官の除斥・忌避・回避の規定は、裁判所書記官にも準用されます。

第4章 裁判制度は、どのように活用するのですか

2 裁判官の忌避の申立書

(1) 裁判官の忌避申立書の書式は決まっていませんが、一般に次のような書式が用いられます。

平成○年（ワ）第○○○号　損害賠償請求事件
原告（申立人）　○○○○
被告　　　　　　○○○○

裁判官忌避申立書

　　　　　　　　　　　　　　　　　　　　　平成○年○月○日

○○地方裁判所　御中

　　　　　　　　　　　　　　〒000-0000 ○県○市○町○丁目○番○号
　　　　　　　　　　　　　　　申立人（原告）　　　　○○○○（印）

申立の趣旨

裁判官○○○○に対する忌避は理由がある
との裁判を求める。

申立の理由

申立人は、被告に対して、損害賠償請求の訴えを提起し、御庁において頭書事件として審理中であるが、頭書事件の審理を担当している裁判官○○○○は、被告と同じ高校の同級生で親友である事実が第2回口頭弁論期日後に判明した。このような事実は、「裁判の公正を妨げるべき事情」に該当するので、本申立をする。

疎明方法

1　平成○年度卒業生名簿写し
2　平成○年度卒業生の○○○○氏作成の陳述書

　　　　　　　　　　　　　　　　　　　　　　　　　　　　　以上

---

① 申立書には、裁判官を特定し「裁判の公正を妨げるべき事情」を具体的に記載して、その裁判官の所属する裁判所に提出する必要があります。申立書には500円分の収入印紙を貼付します（消印はしない）。提出通数は1通です。裁判所の書記官の指定する種類の郵便切手も提出します。

② 当事者が裁判官の面前において弁論をし又は弁論準備手続において申述をした場合には、その裁判官を忌避することはできませんが、忌避の

Q19 裁判官の忌避と訴追請求の制度は、どうなっていますか

原因があることを知らなかった場合や忌避の原因がその後に生じた場合には、忌避の申立ができます（民事訴訟法24条2項）。

(2) 裁判官の忌避の申立があった場合には、その申立についての決定（裁判）が確定するまで、急速を要する行為を除いて、訴訟手続を停止する必要があります（民事訴訟法26条）。この規定を悪用して訴訟手続を遅延させる目的で忌避申立がなされる場合がありますが、その場合には忌避の裁判に関与できない裁判官自身が権利の濫用として忌避申立を却下することができると解されています。ただ、却下された場合でも即時抗告（不服申立方法）は可能です。

(3) 裁判官の忌避申立が却下された場合の即時抗告状の記載例は次の通りです。

抗　告　状

平成○年○月○日

○○高等裁判所　御中

〒000-0000 ○県○市○町○丁目○番○号
抗告人（原告）　　　　　○○○○　（印）

抗告人は、○○地方裁判所平成○年（ワ）第○○○号損害賠償請求事件について、裁判官○○○○に対し忌避の申立をしたが、○○地方裁判所は、平成○年○月○日、上記申立を理由がないものとして却下する旨の決定をなし、同年○月○日決定謄本の送達を受けたが。不服につき本件即時抗告をする。

抗告の趣旨

原決定を取り消す。
抗告人の忌避申立は理由がある。
との裁判を求める。

抗告の理由

原決定は、○○地方裁判所平成○年（ワ）第○○○号損害賠償請求事件の被告と裁判官○○○○との間に（中略）はないと誤った判断をしている。しかし、（中略）であるから、原決定には事実認定の誤りがあり失当であるから、本抗告をする。

以上

① 追加の疎明方法がある場合には、忌避申立書の場合と同様に表示する。
② 即時抗告をすることができる期間は、裁判（この場合の決定）の告知を受けた日から1週間内とされています（民事訴訟法332条）。この1週間は不変期間（裁判所も伸縮できない期間）とされています。即時抗告には原裁判の執行停止の効力がありますから、訴訟手続は停止されます。即時抗告の裁判に憲法解釈の誤りその他の憲法違反がある場合は、最高裁判所に特別抗告をすることができますが、特別抗告をすることができる期間は、裁判の告知を受けた日から5日以内とされています（民事訴訟法336条）。

3 裁判官の訴追請求の手続

(1) 裁判官の訴追請求の手続とは、国民が裁判官を罷免（免職にすること）したい場合に裁判官訴追委員会に訴追請求状を提出して裁判官弾劾裁判所に罷免を求める訴追の手続をいいます。

(2) 裁判官の身分は司法権の独立を守るために憲法で次のような保障がなされています。
① 裁判官は、裁判により心身の故障のために職務を執ることができないと決定された場合を除いては、公の弾劾によらなければ罷免されない。裁判官の懲戒処分は、行政機関がこれを行うことはできない（憲法78条）。
② 国会は、罷免の訴追を受けた裁判官を裁判するため、両議院の議員で組織する弾劾裁判所を設ける。弾劾に関する事項は、法律でこれを定める（憲法64条）。

(3) 弾劾に関する事項は、「裁判官弾劾法」に次のように規定されています。
① 2条（弾劾による罷免の事由）　弾劾により裁判官を罷免するのは、左の場合とする。
　一　職務上の義務に著しく違反し、又は職務を甚だしく怠ったとき
　二　その他職務の内外を問わず、裁判官としての威信を著しく失うべき非行があったとき
② 10条1項（議事）　訴追委員会は、衆議院議員たる訴追委員及び参議院議員たる訴追委員が、それぞれ7人以上出席しなければ、議事を開

き議決することができない。
　③　15条1項（訴追の請求）　何人も、裁判官について弾劾による罷免の事由があると思料するときは、訴追委員会に対し罷免の訴追をすべきことを求めることができる。
　④　15条4項（訴追の請求）　罷免の訴追の請求をするには、その事由を記載した書面を提出しなければならない。ただし、その証拠は、これを要しない。

(4)　裁判官を罷免するための訴追請求と罷免の手続の流れは、次のようになります。
　①　裁判官訴追委員会に「訴追請求状」を提出する。
　②　裁判官訴追委員会での流れは次の通りとなります。
　　ア　訴追請求状を受理する
　　イ　訴追審査事案として立件する
　　ウ　訴追委員が審議をする
　　エ　出席訴追委員の3分の2以上の多数で罷免の訴追の議決ができる
　③　罷免の訴追の議決があった場合は、次の通り弾劾裁判所で審理をする。
　　ア　訴追状を受理する
　　イ　両議院の議員各7人の裁判員により審理をする
　　ウ　罷免又は不罷免の裁判を官報により公示する
　　エ　罷免は罷免の裁判の宣告により罷免される

(5)　訴追請求状の書式は決まっていませんが、裁判官訴追委員会事務局の示した書式例に従って一般に次例のように記載します。

訴　追　請　求　状

　　　　　　　　　　　　　　　　　　　　　　平成○年○月○日

裁判官訴追委員会　御中

　　　　　　　　　　　〒000-0000　○県○市○町○丁目○番○号
　　　　　　　　　　　訴追請求人　　　　　○○○○（印）
　　　　　　　　　　　　　　　　　（電話000-000-0000）

下記の裁判官について弾劾による罷免の理由があると思われるので、罷免の訴追を求める。

第4章　裁判制度は、どのように活用するのですか

```
                        記
1  罷免の訴追を求める裁判官
   所属裁判所      ○○地方裁判所○○支部
   氏名          ○○○○裁判官
2  訴追請求の理由
  ［この欄には、①裁判官弾劾法2条に規定する事実（職務上の義務に著しく違反
し又は職務を甚だしく怠った事実、その他職務の内外を問わず裁判官としての威信を
著しく失うべき非行の事実）を具体的に記載します。　②例えば、「上記裁判官は、
平成○年○月○日、自分が担当する下記訴訟事件の第○回口頭弁論期日におい
て○○○（具体的な行為）をした。詳しい事情は、次の通りである。」のように
分かりやすく簡潔に記載します。］
3  裁判官が担当した事件の表示
○○地方裁判所平成○年（ワ）第○○○号損害賠償請求事件
                                              以上
```

① 用紙はA4サイズを用いて横書き・片面印刷にします。

② 添付書類がある場合は、請求状の末尾に書類名を記載して写しを添付します。

③ 提出した書類は返還されませんから写しをとっておきます。

④ 訴追請求状の提出は、次の宛先に郵送します。

〒100-8982　東京都千代田区永田町二丁目1番2号
　　　　　　　衆議院第二議員会館内
　　　　　　　裁判官訴追委員会　御中

⑤ 訴追請求に関する手数料は不要です。

⑥ 裁判官訴追委員会事務局の電話は03-3581-5111（代表）の内線88003です。

⑦ 訴追請求状を受理して議決するまで概ね6〜7か月かかりますが、議決の結果は書面で訴追請求人に通知されます。訴追委員会の議事は非公開とされていますから決定の理由は開示されません。

Q20 行政不服審査法の不服申立とは、どういうものですか

A20

1 行政不服審査法とは

(1) 行政不服審査法とは、行政上の不服申立に関する一般法であって、この法律の趣旨は、「行政庁の違法又は不当な処分その他公権力の行使に当たる行為に関し、国民に対して広く行政庁に対する不服申立のみちを開くことによって、簡易迅速な手続による国民の権利利益の救済を図るとともに、行政の適正な運営を確保することを目的とする」とされています（行政不服審査法1条1項）。

(2) 行政不服審査法による不服申立の対象となる行為は、「行政庁の違法又は不当な処分その他公権力の行使に当たる行為」とされていますが、この場合の「行政庁」とは、自治体や国のような行政主体の意思を決定する権限を有する行政機関（例えば、知事、市町村長、大臣）をいいます。「違法又は不当な」の違法とは法令違反のことをいい、不当とは法令違反ではないが制度の目的からみて不適当な場合をいいます。「公権力の行使」とは、行政庁の有する国民に対して命令し強制することのできる権限を用いることをいいます。

(3) 行政不服審査法による不服申立の種類には、大別すると、①異議申立と②審査請求とがありますが、いずれの不服申立も、処分があったことを知った日から起算して60日以内にする必要があります（行政不服審査法14条・45条）。
　① 異議申立とは、上級の行政機関のない場合に処分をした行政機関（例えば、知事）に対して不服申立をする場合をいいます。
　② 審査請求とは、上級の行政機関がある場合に処分をした行政機関（例えば、出先機関の長）の上級の行政機関（例えば、知事）に対して不服申立をする場合をいいます。

(4) 行政庁は、異議申立や審査請求をすることができる行政処分（例えば、行政文書の非開示処分）をする場合には、処分の相手方に対して、①その処分

第4章　裁判制度は、どのように活用するのですか

について不服申立をすることができる旨、②不服申立をすべき行政庁、③不服申立をすることができる期間を書面で教示する必要があります（行政不服審査法57条1項）。例えば、市長に対する行政文書開示請求に対して非開示処分をした場合には、処分通知書（非開示決定通知書）に次のような教示がなされます。

> 教示　この決定に不服があるときは、この決定があったことを知った日の翌日から起算して60日以内に○○市長に対して異議申立をすることができます。

行政庁の教示がなかった場合でも、不服申立をすることができます。行政事件訴訟法に基づく処分の取消訴訟についても教示されます（**Q18** 参照）。

(5)　行政不服審査法に基づく不服申立（異議申立や審査請求）をする場合の費用は不要です。

2　行政不服審査法による異議申立と審査請求の実務

(1)　異議申立とは、上級の行政庁がない場合（例えば、処分をした行政庁が知事、市町村長、教育委員会、監査委員、大臣の場合）に処分をした行政庁に対して不服申立をすることをいいます。異議申立書は、処分をした行政庁に1通を提出します。

(2)　審査請求とは、上級の行政庁がある場合（例えば、処分をした行政庁が都道府県や国の出先機関の長の場合）に処分をした行政庁の上級の行政庁（例えば、知事、大臣）に対して不服申立をすることをいいます。この場合の処分をした行政庁を処分庁といい、上級行政庁を審査庁といいます。審査請求書は、審査庁あてに2通（審査庁用と処分庁用）を提出します。

Q20　行政不服審査法の不服申立とは、どういうものですか

(3) 行政文書の非開示処分に対する「異議申立書」の記載例は次の通りです。

異議申立書

平成○年○月○日

○○県知事　殿

異議申立人　　○○○○（印）

行政不服審査法に基づき下記の通り異議申立をする。

記

1　異議申立人の住所、氏名、年齢
　○県○市○町○丁目○番○号　　　○○○○　　　○○歳
2　異議申立に係る処分
　平成○年○月○日付土木発第○○○号文書による非開示処分
3　異議申立に係る処分があったことを知った年月日
　平成○年○月○日
4　異議申立の趣旨
　「上記2記載の処分を取り消す。」との決定を求める。
5　異議申立の理由
　(1)　本件処分は、○○県情報公開条例の解釈適用を誤った違法な処分であるから、本件処分を取り消し、全部開示する必要がある。
　(2)　本件非開示決定通知書の「開示しない理由」欄記載の理由は、いずれも○○県情報公開条例に規定する非開示事由に該当しない。
　(3)　本件非開示決定通知書の「開示しない理由」には、適法に処分理由が明示されていないので、○○県行政手続条例第8条に違反し本件処分は無効である。
　(4)　（以下、必要により適宜開示すべき理由を記載します）
6　処分庁の教示の有無及び内容
　「この決定に不服があるときは、この決定があったことを知った日の翌日から起算して60日以内に○○県知事に対して異議申立をすることができます。」との教示があった。
7　行政不服審査法第25条第1項但し書の規定による口頭の意見陳述の申立
　行政不服審査法第25条第1項但し書の規定による口頭の意見陳述を申し立てる。

以上

第4章　裁判制度は、どのように活用するのですか

① 表題は「異議申立書」とします。用紙はA4サイズの白紙を使用します。
② 2行目の日付は作成日又は郵便の投函日を記載します。
③ 3行目の宛て先は処分をした行政庁（処分庁）を記載します。その個人名の記載は不要です。
④ 4行目の異議申立人には申立人の個人名を記載して認め印を押印します。
⑤ 「異議申立の趣旨」欄には、上例の通り「との決定を求める」と記載します。審査請求書の場合は「との裁決を求める」と記載します。
⑥ 「異議申立の理由」欄には、上例の理由のほかにも開示すべきであるとする理由がある場合は追加して記載します。行政手続条例の条数は自治体によって異なる場合がありますから確認が必要です。
⑦ 「処分庁の教示の有無及び内容」欄は、非開示決定通知書に記載されている通りに記載します。教示のない場合には「教示はなかった」と記載します。
⑧ 「行政不服審査法第25条第1項但し書の規定による口頭の意見陳述の申立」は口頭の意見陳述をしたい場合にのみ記載します。
⑨ 処分庁への提出通数は1通です。提出は郵送でもかまいません。持参する場合は情報公開条例担当課に持参します。
⑩ 異議申立書に添付書類は不要ですが、証拠書類となるものがある場合は写しを添付して提出します。

Q20 行政不服審査法の不服申立とは、どういうものですか

(4) 行政文書の非開示処分に対する「審査請求書」の記載例は次の通りです。

審査請求書

平成○年○月○日

○○県知事　殿

審査請求人　　○○○○（印）

行政不服審査法に基づき下記の通り審査請求をする。

記

1　審査請求人の住所、氏名、年齢
○県○市○町○丁目○番○号　　○○○○　　○○歳
2　審査請求に係る処分
平成○年○月○日付東土木事務所発第○○○号文書による非開示処分
3　審査請求に係る処分があったことを知った年月日
平成○年○月○日
4　審査請求の趣旨
「上記2記載の処分を取り消す。」との裁決を求める。
5　審査請求の理由
　(1)　本件処分は、○○県情報公開条例の解釈適用を誤った違法な処分であるから、本件処分を取り消し、全部開示する必要がある。
　(2)　本件非開示決定通知書の「開示しない理由」欄記載の理由は、いずれも○○県情報公開条例に規定する非開示事由に該当しない。
　(3)　本件非開示決定通知書の「開示しない理由」には、適法に処分理由が明示されていないので、○○県行政手続条例第8条に違反し本件処分は無効である。
　(4)　（以下、必要により適宜開示すべき理由を記載します）
6　処分庁の教示の有無及び内容
　「この決定に不服があるときは、この決定があったことを知った日の翌日から起算して60日以内に○○県知事に対して審査請求をすることができます。」との教示があった。
7　行政不服審査法第25条第1項但し書の規定による口頭の意見陳述の申立
　行政不服審査法第25条第1項但し書の規定による口頭の意見陳述を申し立てる。

以上

第4章　裁判制度は、どのように活用するのですか

① 表題は「審査請求書」とします。用紙はA4サイズの白紙を使用します。
② 2行目の日付は作成日又は郵便の投函日を記載します。
③ 3行目の宛て先は審査庁（処分をした行政庁の上級行政庁）を記載します。上例では、東土木事務所長の上級庁の知事となります。その個人名の記載は不要です。
④ 4行目の審査請求人には請求人の個人名を記載して認め印を押印します。
⑤ 「審査請求の趣旨」欄には、上例の通り「との裁決を求める」と記載します。異議申立書の場合は「との決定を求める」と記載します。
⑥ 「審査請求の理由」欄には、上例の理由のほかにも開示すべきであるとする理由がある場合は追加して記載します。行政手続条例の条数は自治体によって異なる場合がありますから確認が必要です。
⑦ 「処分庁の教示の有無及び内容」欄は、非開示決定通知書に記載されている通りに記載します。教示のない場合には「教示はなかった」と記載します。
⑧ 「行政不服審査法第25条第1項但し書の規定による口頭の意見陳述の申立」は口頭の意見陳述をしたい場合にのみ記載します。
⑨ 審査庁への提出通数は2通（審査庁用と処分庁用）です。提出は郵送でもかまいません。持参する場合は情報公開条例担当課に持参します。
⑩ 審査請求書に添付書類は不要ですが、証拠書類となるものがある場合は写しを添付して提出します。

Q21
行政手続法や行政手続条例は、どのように活用するのですか

A21

1　行政手続法と行政手続条例

（1）　行政手続法は、①処分（行政処分）、②行政指導、③届出に関する手続に関して共通する事項を定めることによって行政運営における公正の確保と透明性（行政上の意思決定について、その内容と過程が国民にとって明らかであること）の向上を図り、国民の権利利益の保護に資することを目的としています（行政手続法1条1項）。各自治体（都道府県や市町村）でも行政手続法の趣旨に従って同法と同様の内容の「行政手続条例」を制定しています。

（2）　上の①の処分（行政処分）とは、行政庁（自治体や国のような行政主体のために意思決定を行う権限を有する知事、市町村長、大臣のような行政機関）の処分その他公権力の行使に当たる行為をいいます。公権力の行使とは、行政庁の有する国民に対して命令し強制することのできる権限を用いることをいいます（行政手続法2条2号）。

（3）　上の②の行政指導とは、行政機関がその任務又は所掌事務の範囲内において一定の行政目的を実現するために特定の者に一定の作為又は不作為を求める指導、勧告、助言その他の行為であって処分に該当しないものをいいます（行政手続法2条6号）。

（4）　上の③の届出とは、行政庁に対し一定の事項の通知をする行為（申請に該当するものは除きます）であって法令により直接に通知が義務付けられているものをいいます（行政手続法2条7号）。

（5）　行政手続法や行政手続条例には、これらに違反した公務員に対する罰則規定はありませんが、これらに違反した公務員は、地方公務員法32条や国家公務員法98条に規定する公務員の法令遵守義務の違反として懲戒処分の対象

第4章　裁判制度は、どのように活用するのですか

となります。

（6）　行政手続法や行政手続条例の活用例として特に重要なのは、行政機関に対する申請（例えば、許認可申請、情報公開請求）に対する審査基準や標準処理期間を明確にさせることがあります。行政手続法や行政手続条例は、情報公開法や情報公開条例と併せて市民運動や市民オンブズ活動の強力な道具になっています。

2　申請に対する処分

（1）　行政手続法や行政手続条例に規定する「申請」とは、法令に基づき行政庁の許可、認可、免許その他の自己に対し何らかの利益を付与する処分（許認可等）を求める行為であって、その行為に対して行政庁が諾否の応答をすべきこととされているものをいいます（行政手続法2条3号）。申請の例としては、例えば、自治体の所有する施設の使用許可申請、各種の法律に規定する許可・認可・免許の申請、情報公開請求、生活保護申請があります。

（2）　行政庁は、申請に対する処分をするための「審査基準」を定めるものとされています（行政手続法5条1項）。審査基準を定めるに当たっては、行政庁は、処分（許認可等）の性質に照らして、できる限り、具体的なものとする必要があります（行政手続法5条2項）。行政庁は、行政上特別の支障がある場合を除き、法令により申請の提出先とされている行政機関の事務所における備え付けその他の適当な方法により審査基準を公にしておく必要があります（行政手続法5条3項）。

（3）　行政庁は、申請がその行政機関の事務所に到達してからその申請に対する処分をするまでに通常必要とすべき標準的な期間（標準処理期間）を定めるよう努めるとともに、これを定めたときは、これらの申請の提出先とされている行政機関の事務所における備え付けその他の適当な方法により公にしておく必要があります（行政手続法6条）。

（4）　行政庁は、申請がその行政機関の事務所に到達したときは、遅滞なくその申請の審査を開始しなければならず、かつ、申請書の記載事項に不備がないこと、申請書に必要な書類が添付されていること、申請をすることができる期

間内になされたものであることその他の法令に定められた申請の形式上の要件に適合しない申請については、速やかに、申請をした者に対し、相当の期間を定めてその申請の補正を求め、又はその申請により求められた処分（許認可等）を拒否する必要があります（行政手続法7条）。

(5) 行政庁は、申請により求められた処分（許認可等）を拒否する処分をする場合は、申請者に対し、同時に、その拒否処分の理由を示す必要があります。拒否処分を書面でする場合には、理由の提示は書面による必要があります（行政手続法8条）。

(6) 行政庁は、申請者の求めに応じて、その申請に係る審査の進行状況やその申請に対する処分の時期の見通しを示すよう努める必要があります（行政手続法9条1項）。また、行政庁は、申請をしようとする者又は申請をした者の求めに応じて、申請書の記載や添付書類に関する事項その他の申請に必要な情報の提供に努める必要があります（行政手続法9条2項）。

3 行政指導

(1) 行政指導に携わる者は、いやしくも、その行政機関の任務又は所掌事務の範囲を逸脱してはならないこと及び行政指導の内容があくまでも相手方の任意の協力によってのみ実現されるものであることに留意する必要があります（行政手続法32条1項）。

(2) 行政指導に携わる者は、その相手方が行政指導に従わなかったことを理由として、不利益な取り扱いをしてはなりません（行政手続法32条2項）。

(3) 申請の取り下げ又は内容の変更を求める行政指導にあっては、行政指導に携わる者は、申請者がその行政指導に従う意思がない旨を表明したにもかかわらず、その行政指導を継続すること等により、その申請者の権利の行使を妨げるようなことをしてはなりません（行政手続法33条）。

(4) 許認可等をする権限や許認可等に基づく処分をする権限を有する行政機関が、その権限を行使することができない場合や行使する意思がない場合においてする行政指導にあっては、行政指導に携わる者は、その権限を行使し得る旨を殊更に示すことにより、相手方にその行政指導に従うことを余儀なくさせ

るようなことをしてはなりません（行政手続法34条）。

(5)　行政指導に携わる者は、その相手方に対して、その行政指導の趣旨、内容、責任者を明確に示す必要があります（行政手続法35条1項）。

(6)　行政指導が口頭でなされた場合において、その相手方から行政指導の趣旨、内容、責任者を記載した書面の交付を求められた場合は、その行政指導に携わる者は、行政上特別の支障がない限り、これを交付する必要があります（行政手続法35条2項）。ただし、①相手方に対しその場で完了する行為を求めるものと、②既に文書や電磁的記録により相手方に通知されている事項と同一の内容を求めるものは除かれます（行政手続法35条3項）。

(7)　同一の行政目的を実現するため一定の条件に該当する複数の者に対し行政指導をしようとする場合は、行政機関は、あらかじめ、事案に応じ、行政指導指針を定め、かつ、行政上特別の支障のない限り、これを公表する必要があります（行政手続法36条）。

4　届　　出

(1)　届出が届出書の記載事項に不備がないこと、届出書に必要な書類が添付されていることその他の法令に定められた届出の形式上の要件に適合している場合は、その届出が法令により届出の提出先とされている行政機関の事務所に到達した時に、その届出をすべき手続上の義務が履行されたものとされます（行政手続法37条）。

(2)　適法な届出は行政機関の事務所に到達した時点で効力を生じますから、行政機関の受付とか受理とかいう観念を否定するものであり、行政機関の事務所に到達しているのに受付印や受理印が押印されていないと言うような行政側の言い訳を封じるものです。

第5章
地方議員の議案提出権を活用するには、どうするのですか

Q22
議員の議案提出権とは、どういうものですか

A22

1 議員の議案提出権とは

(1) 議員の議案提出権として、普通地方公共団体（都道府県と市町村）の議会の議員は、予算を除く議会の議決すべき事件について議員定数の12分の1以上の賛成者を得て、文書をもって議案を提出することができます（地方自治法112条）。

議員の議案提出権を活用するには、市民運動や市民オンブズ活動に協力してくれる議員を確保することが大切です。

(2) 議案とは、一般に議会の議決すべき事件（議会の議決の対象となる案件）をいいますが、議会の議決すべき事件は、その性質上、次の3種類に分けられます。

議案を議会に提出する権限を「提案権」とか「発案権」といいますが、その権限は、
① 自治体の長
② 議員
③ 委員会
にあります。

第5章　地方議員の議案提出権を活用するには、どうするのですか

> ①　自治体の意思（団体意思）を決定するもの
> 　　例えば、条例（提案権者は、自治体の長、議員、委員会）
> 　　　　　予算（提案権者は、自治体の長）
> ②　議会の意思（機関意思）を決定するもの
> 　　例えば、会議規則（提案権者は、議員、委員会）
> 　　　　　意見書（提案権者は、議員、委員会）
> 　　　　　決議（提案権者は、議員、委員会）
> ③　自治体の長の事務の執行に当たり議会の議決を要するもの
> 　　例えば、大規模工事の請負契約の締結（提案権者は、自治体の長）
> 　　　　　人事同意案件（提案権者は、自治体の長）

2　議員の議案提出の要件

(1)　議員の議案提出の要件として、地方自治法112条2項は、「議員の定数の12分の1以上の者の賛成がなければならない」と規定しています。賛成者の人数には提案者の人数も含まれます。例えば、議員の定数が20人の議会では20人÷12＝1.66人となりますから提案議員を含めて2名以上の賛成者が必要となります。12分の1の人数は、議員定数に対するものですから議員の欠員は無関係です。議員定数が12人以下の場合は、議員1人でも議案提出が可能です。現行法の12分の1に改正される前は8分の1とされていましたから議員の議案提出の要件を緩和して議案提出をしやすくしたのです。

(2)　地方自治法112条2項の議員の議案提出の要件は、「議員定数の12分の1」とされていますから、この場合の議案は自治体の意思（団体意思）を決定する議案を意味します。条例に関する議案は、議員のほか、自治体の長や委員会（常任委員会、特別委員会）も議会に議案を提出することができます（地方自治法109条6項）。

(3)　議会の意思（機関意思）を決定する議案（例えば、会議規則改正議案、意見書提出議案）は、会議規則で定める人数の賛成者の連署により議会に提出します。会議規則とは、地方自治法の規定を補充するために同法120条の規定によって自治体の議会に設ける必要があるとされる議会運営の規則をいいます。

会議規則で定める賛成者の人数については法令上の制限はありませんが、会議規則では一般に団体意思の決定に関する議案と同様の取り扱いがなされています。会議規則の例には議員提出の場合の次の①の例があり、委員会提出の場合の次の②の例があります。

【会議規則例】

① **議員提出の場合**　「議員が議案を提出しようとするときは、その案をそなえ、理由を付して、地方自治法第112条の規定によるものについては所定の賛成者とともに連署し、その他のものについては、提出者を含め議員定数の12分の1以上の賛成者とともに連署して、議長に提出しなければならない。」
② **委員会提出の場合**　「委員会が議案を提出しようとするときは、その案をそなえ、理由を付して、委員長が議長に提出しなければならない。」

第5章　地方議員の議案提出権を活用するには、どうするのですか

Q23 議員の議案提出権を行使する手続は、どうするのですか

A23

1　議員の議案提出の要領

(1)　議員の議案提出の要領は、地方自治法と各議会ごとに定めた会議規則に従うことになりますが、地方自治法112条3項は、「第1項の規定による議案の提出は、文書を以てこれをしなければならない」と規定しています。また、標準的な会議規則では、「議員が議案を提出しようとするときは、その案をそなえ、理由を付け、所定の賛成者とともに連署して、議長に提出しなければならない」と規定して文書によることとしています。この場合の賛成者の人数には提案者の人数も含まれます。

(2)　自治体の意思（団体意思）を決定する議案（例えば、条例制定議案）の議員提案には、地方自治法112条2項によって「議員の定数の12分の1以上の者の賛成」が必要とされていますが、議会の意思（機関意思）を決定する議案（例えば、会議規則改正議案）の議員提案には、会議規則に定める人数の賛成者（通常は議員定数の12分の1以上の賛成者）の連署が必要とされます。いずれの賛成者の人数も提案者の人数を含みます。

(3)　議員が条例制定議案を提出する場合には、その議案を文書で提出する必要がありますが、条例の施行に必要な規則の制定を自治体の長に委任する場合には、条例の施行規則までを文書で提出する必要はありません。この場合には、例えば、議案の条例案に「この条例の施行に関し必要な事項は、市長が定める」といった規定を置きます。

2　条例制定議案の書き方

(1)　条例とは、自治体（都道府県と市町村）の議会の議決によって制定される法規をいいます。憲法94条では、自治体は「法律の範囲内で条例を制定す

ることができる」と定めています。地方自治法 14 条 1 項でも、自治体は「法令に違反しない限りにおいて」条例を制定することができると規定しています。

(2) 条例の所管事項は、地方自治法 2 条 2 項に規定する①地域における事務と②法律又はこれに基づく政令により処理することとされるものと規定されています（地方自治法 14 条 1 項）。
- ① 地域における事務とは、自治体の存立の目的と考えられる事務やその存立のために必要な事務をいいます。例えば、道路や河川の管理、住民の衛生管理、教育、税の賦課徴収、選挙事務があります。
- ② 法律又はこれに基づく政令により処理することとされるものには、例えば、北方領土に本籍を有する者に係る戸籍事務を根室市が処理している例があります。

(3) 標準的な会議規則では、「議員が議案を提出しようとするときは、その案をそなえ、理由を付して、所定の賛成者とともに連署して、議長に提出しなければならない」とされていますから、次の記載例のような書面を作成して議長に提出します。

【記載例】

```
                                    平成○年○月○日
○○市議会議長　殿
                    提出者　○○市議会議員　○○○○（印）
                    賛成者　○○市議会議員　○○○○（印）
                    賛成者　○○市議会議員　○○○○（印）
                    賛成者　○○市議会議員　○○○○（印）
```

○○市個人情報保護条例の一部を改正する議案の提出について

標記について、地方自治法第 112 条の規定に基づき下記の通り○○市個人情報保護条例の一部を改正する起案を提出する。

記

第 1　○○市個人情報保護条例の一部を改正する議案は、別紙 1 の通りである。
第 2　○○市個人情報保護条例の一部を改正する議案の提案理由は、別紙 2 の通りである。

以上

第5章　地方議員の議案提出権を活用するには、どうするのですか

【別紙1】

○○市個人情報保護条例の一部を改正する議案

○○市個人情報保護条例第2条第2項の規定を下記の通りに改正をする。
記
○○市個人情報保護条例第2条第2項
　「この条例において実施機関とは、市長、水道事業管理者、消防局長、教育委員、監査委員、選挙管理委員会、公平委員会、農業委員会、固定資産評価審査委員会及び議会をいう。」

以上

【別紙2】

○○市個人情報保護条例の一部を改正する議案の提案理由

　現行の○○市個人情報保護条例第2条第2項に規定する「実施機関」の範囲は、極めて制限されているため個人情報開示請求権者の開示請求権の行使が著しく制約されており、本件条例の制定目的に違反しているので、別紙1の議案に記載した通りに改正をする必要がある。

以上

① 議員による条例の改正に関する議案提出の要件は、地方自治法112条2項の規定により「議員の定数の12分の1以上の者の賛成」を必要とすることとされていますが、この法定の人数は提出者と賛成者の合計によります。

② 議員による議案の提出時期は、議会の会期中でも会期前でもかまいません。

③ 議案に条例の施行期日を記載していない場合は、次のような手続により公布され施行期日が決められます（地方自治法16条）。
　ア　議長は、条例の制定又は改廃の議決があったときは、その日から3日以内にこれを自治体の長に送付する必要があります。
　イ　自治体の長が送付を受けた場合は、再議その他の措置を講ずる必要がないと認めるときは、その日から20日以内に公布する必要があり

ます。
　ウ　条例は、条例に特別の定めがあるものを除き、公布の日から起算して10日を経過した日から施行されます。
④　自治体は、法令に特別の定めのある場合を除き、条例中に条例に違反した者に対し、2年以下の懲役若しくは禁錮、100万円以下の罰金、拘留、科料若しくは没収の刑又は5万円以下の過料を科する旨の規定を設けることができます（地方自治法14条3項）。なお、自治体の長の制定する規則には、法令に特別の定めのある場合を除き、規則中に規則に違反した者に対し、5万円以下の過料を科する旨の規定を設けることができます（地方自治法15条2項）。

3　意見書提出議案の書き方

(1)　自治体の議会は、その自治体の公益に関する事件について意見書を国会や関係行政庁に提出することができます（地方自治法99条）。この場合の関係行政庁とは、国の機関であると自治体の機関であるとを問わず、意見書の内容について権限を有する行政機関を意味します。行政機関に限られますから裁判所は含まれません。議会の意見書は、その自治体の公益に関する事件であれば何らの制約もありませんが、行政実例では、国の外交政策や外交交渉に関するものは慎重に取り扱うことが望ましいとしています。

(2)　意見書の提出を受けた国会や関係行政庁には意見書の受理義務はあるものの、意見書に対する回答義務その他の措置義務はないと解されています。

(3)　自治体の議会は団体の機関に過ぎないので、法人格（人間以外で権利義務の主体となる会社のような法人となる資格）を有しないことから、請願法に基づく請願を行う権能はありません。しかし、請願に代えて地方自治法99条の規定による意見書を提出すれば、請願の場合と同様の目的を達することができます。

(4)　意見書の提出やその意見の内容は、自治体の機関である議会自身の決定すべき権限に属するので、その議案は、議会の意思（機関意思）を決定するものとなります。従って、その発案権（提案権）は、議員に専属するものとされています。この場合の提出議員の人数については地方自治法112条のような規

第5章　地方議員の議案提出権を活用するには、どうするのですか

定はありませんから、次例のように各議会の会議規則によって定めています。

> 　第○条　地方自治法第112条の規定によるものを除くほか、議員が議案を提出するに当たっては、2人以上の者の賛成がなければならない。
> 　2　議員が議案を提出しようとするときは、その案をそえ、理由を付け、所定の賛成者とともに連署して、議長に提出しなければならない。

(5)　議員が意見書提出議案を提出する場合は、次のような書面を議長に提出します。

【記載例】

```
                                          平成○年○月○日
○○町議会議長　殿
                   提出者　　○○町議会議員　○○○○（印）
                   賛成者　　○○町議会議員　○○○○（印）

              ○○に関する意見書案について

標記の議案を別紙の通り○○町議会会議規則第○条第○項の規定により提出する。
                                                  以上
```

【別紙】

```
                 ○○に関する意見書案

                    （内容省略）
以上、地方自治法第99条の規定により意見書を提出する。
　平成　　年　　月　　日
                                           ○○県○○町議会
○○大臣　○○○○　殿
○○大臣　○○○○　殿
                                                  以上
```

①　意見書提出議案は、議員のほか議会の委員会（常任委員会、議会運営委員会、特別委員会）からも提出することができます（地方自治法109条

Q23 議員の議案提出権を行使する手続は、どうするのですか

6項)。
② 意見書を提出する際の差出名義人は、行政実例によると、議会を代表する議長の名義によるべきものとされています。

第5章　地方議員の議案提出権を活用するには、どうするのですか

Q24
100条調査権とは、どういうものですか

A24

1　100条調査権とは

(1)　100条調査権とは、地方自治法100条1項に規定する議会の有する権限の中の調査権限をいいます。自治体の議会は、その自治体の事務に関する調査を行い、特に必要があると認める場合には、選挙人（選挙権を有する者）その他の関係人の出頭・証言・記録の提出を請求することができます（地方自治法100条1項）。

(2)　100条調査権は、地方議会の重要な職責を十分に果たすために認められたものであって、憲法62条に定める国会の両議院の国政調査権と同様の趣旨で認められたものです。憲法62条は、「両議院は、各々国政に関する調査を行ひ、これに関して、証人の出頭及び証言並びに記録の提出を要求することができる」と規定しています。

(3)　100条調査の対象となる事項は、地方自治法2条2項に規定する①地域における事務と②法律又はこれに基づく政令により処理することとされているものとなりますが、地方自治法100条1項に規定する政令で定めるものは除かれます。民間団体の事務や個人的事項は100条調査の対象となりません。

(4)　100条調査の態様は、その内容によって次の3種類に分けられます。
　①　議案調査（現に議題となっている事項や将来議題となるべき事項のための調査）
　②　政治調査（世論の焦点となっている事件の実情を明らかにするための調査）
　③　事務調査（自治体の重要な事務の執行状況に関する調査）

(5)　100条調査権は、議会に与えられた権限であって、議員個人や委員会に与えられたものではありませんから、調査の方法は、通常は議会の議決によっ

て議会が特別委員会を設置してその特別委員会に付託したり、所管の常任委員会に付託して調査を実施する方法が採られます。

(6) 100条調査権は、次のような強制力を伴う強力な調査権限ですから、有効に活用する必要があります。
① 選挙人その他の関係人が出頭や記録の提出の請求を受けた場合に、正当な理由がないのに、議会に出頭せず若しくは記録の提出をしないとき又は証言を拒んだ場合には、6か月以下の禁錮又は10万円以下の罰金に処せられます（地方自治法100条3項）。
② 民事訴訟法の証人尋問の規定は100条調査にも準用されますが、民事訴訟法の規定により宣誓した選挙人その他の関係人が虚偽の陳述をした場合は、3か月以上5年以下の禁錮に処せられます（地方自治法100条7項）。この場合、虚偽の陳述をした者が議会において調査が終了した旨の議決がある前に自白した場合は、その刑を減軽し又は免除することができます（地方自治法100条8項）。
③ 議会は、選挙人その他の関係人が上記の①又は②の罪（地方自治法100条3項又は7項の罪）を犯したと認める場合には、告発（捜査機関に対する犯人の処罰を求める意思表示）をする必要があります。ただし、虚偽の陳述をした選挙人その他の関係人が議会の調査が終了した旨の議決がある前に自白した場合には告発しないことができます（地方自治法100条9項）。議会は自治体の機関に過ぎず法人格（人間以外で権利義務の主体となれる資格）を有しないので、告発をすることはできませんが、法律の認めた特例として議会の議決により議長名で告発することになります。

2 100条調査の方法

(1) 100条調査の方法としては、選挙人その他の関係人に対する①出頭、②証言、③記録の提出の請求と、④自治体の区域内の団体等に対する照会、⑤その団体等に対する記録の送付の請求があります（地方自治法100条1項・同条10項）。団体等とは、公法人、私法人（会社その他）、財団法人、社団法人、法人格のない団体その他のすべての団体を含みます。平成24年の地方自治法改正によって、議会が、選挙人その他の関係人の①出頭、②証言、③記録の提出

第５章　地方議員の議案提出権を活用するには、どうするのですか

を請求することができる場合を「特に必要があると認めるとき」に限られるとしましたが、実質的には従来と変更はありません。

(2)　選挙人その他の関係人の証言を得る場合には、民事訴訟法の証人の尋問に関する規定を準用して実施する必要があります。ただし、民事訴訟法の過料、罰金、拘留又は勾引に関する規定は準用しません（地方自治法100条2項）。

(3)　議会は、選挙人その他の関係人が公務員たる地位において知り得た事実については、その者から職務上の秘密に属するものである旨の申立を受けた場合は、その官公署の承認がなければ、その事実に関する証言や記録の提出を請求することはできません。この場合にその官公署が承認を拒む場合は、その理由を疎明する（一応確からしいという程度の心証が得られるようにする）必要があります（地方自治法100条4項）。

(4)　議会が上記の(3)の疎明を理由がないと認める場合は、その官公署に対して、その証言や記録の提出が公の利益を害する旨の声明（不特定多数に見解を公表すること）を要求することができます（地方自治法100条5項）。この要求を受けた官公署が、要求を受けた日から20日以内に声明をしない場合は、選挙人その他の関係人は、証言や記録の提出をする必要があります（地方自治法100条6項）。

(5)　議会が100条調査の選挙人その他の関係人に対する出頭、証言、記録の提出の請求の調査を行うためその自治体の区域内の団体等に対し照会をし又は記録の送付を求めた場合は、その団体等は、その求めに応じる必要があります（地方自治法100条10項）。

Q25 100条調査を求める手続は、どうするのですか

A25

1　100条調査に関する決議

（1）　地方自治法100条1項に規定する100条調査権は、議会（自治体の機関）に与えられたものですから、100条調査権を行使するには議会の議決を必要とします。ただ、議員全員による調査は効率的ではないので、一般に議会の議決により特別委員会を設置して特別委員会に付託して調査を行います。事案によっては常任委員会に付託する場合もあります。

（2）　100条調査権を行使するための議会の議決の議案は、議会の意思（機関の意思）を決定するものですから、各議会の会議規則に定める一定数以上の議員によって提出される必要があります。自治体の意思（団体意思）を決定する議案（例えば、条例制定議案）を提出する場合には、地方自治法112条により「議員の定数の12分の1以上の者の賛成」を必要としますが、100条調査のような議会の意思（機関意思）を決定する議案の提出では会議規則に規定する人数以上の議員によって提出することになります。ただ、実際は、地方自治法112条の「議員定数の12分の1以上」と同じ要件としている場合が多いのです。

（3）　100条調査権を行使するための議会の議決は、決議案によっても動議によってもよいのですが、調査対象事項の範囲、調査方法、調査権限、調査経費を明確にする必要がありますから、一般に書面による決議案により議決をします。

2　100条調査に関する決議案の提出手続、証人尋問・記録提出請求の手続

（1）　100条調査に関する決議案の提出手続は、次のような書面を議長に提出します。

113

第5章 地方議員の議案提出権を活用するには、どうするのですか

【記載例】

平成○年○月○日

○○町議会議長　○○○○　殿

　　　　　　　　　提出者　　○○町議会議員　○○○○　(印)
　　　　　　　　　賛成者　　○○町議会議員　○○○○　(印)
　　　　　　　　　賛成者　　○○町議会議員　○○○○　(印)

○○の調査に関する決議案の提出について

標記の議案を別紙の通り○○町議会会議規則第○条第○項の規定により提出する。

以上

【別紙】

○○の調査に関する決議案

地方自治法第100条第1項の規定により下記の通り○○の事務に関する調査を行うものとする。

記

1　調査事項
　①　○○に関する事項
　②　○○に関する事項
2　特別委員会の設置
　本調査は、委員○名で構成する特別委員会を設置して、これに付託して行う。
3　調査権限
　本議会は、地方自治法第100条第1項に規定する調査権限を上記2の特別委員会に委任する。
4　調査期限
　上記2の特別委員会は、上記1の調査事項の調査が終了するまで閉会中もなお調査を行うことができる。
5　特別委員会の設置の理由
　　　　（内容省略）
6　調査経費
　本調査に要する経費は、○万円以内とする。

以上

(2) 100条調査に関する証人出頭請求の手続は、次のような事項について記載した書面を証人（選挙人その他の関係人）に送付します。証人の出頭を求める場合には、特別委員会の決定に基づいて委員長から議長に申し出て議長名で証人に通知をします。

【記載例】

```
                                    23議会発第○○号
                                    平成○年○月○日
（証人の個人名）　　　殿

                        ○○町議会議長　　○○○○（公印）

                      証人出頭請求書

本議会は、○○に関する調査のため、地方自治法第100条第1項の規定により、下記の通り、証人としてあなたの出頭を求めることになったので、出頭されるよう請求します。
　なお、正当の理由がないのに、出頭せず又は証言を拒んだ場合は、地方自治法第100条第3項の規定により6箇月以下の禁錮又は10万円以下の罰金に処せられることがあります。当日は費用を弁償しますので印鑑をご持参ください。
                          記
1　出頭を求める日時及び場所
　　（内容省略）
2　証言を求める事件
　　（内容省略）
3　証言を求める事項
　　（内容省略）
                                               以上
```

(3) 100条調査に関する記録提出請求の手続は、次のような事項を記載した書面を選挙人その他の関係人に送付します。記録の提出を求める場合も、特別委員会の決定に基づいて委員長から議長に申し出て議長名で関係人に通知をします。

第 5 章　地方議員の議案提出権を活用するには、どうするのですか

【記載例】

```
                                        23 議会発第○○号
                                        平成○年○月○日
（関係人の個人名）　　殿

                              ○○町議会議長　　○○○○（公印）

                        記録提出請求書

本議会は、○○に関する調査のため、地方自治法第 100 条第 1 項の規定により、下記の通り、記録の提出を求めることになったので、提出されるよう請求します。なお、正当の理由がないのに、記録の提出をしない場合は、地方自治法第 100 条第 3 項の規定により 6 箇月以下の禁錮又は 10 万円以下の罰金に処せられることがあります。

                              記
1　記録の提出を求める事件
　（内容省略）
2　提出を求める記録
　（内容省略）
3　提出期限
　（内容省略）
                                                      以上
```

3　100 条調査の調査結果の取り扱い

(1)　100 条調査が終了した場合は、議会の付託を受けた特別委員会又は常任委員会としての結論が委員長から委員長報告として議長に提出され、本会議での委員長報告ののち質疑、討論がなされて採決がなされます。

(2)　100 条調査の結論は、本会議で委員長報告の通り採決された場合でも、それは議会としての機関意思の決定に過ぎないので、自治体の長その他の執行機関を法的に拘束するものではありません。しかし、執行機関としては政治的な観点から議会の意思を尊重すべきものと解されています。

Q26 議員の権限と義務には、どんなものがありますか

A26

1 議員の権限

(1) 議案提出権として、議員は、次の人数の議員の賛成者とともに議案(議会の議決の対象となる案件)を提出することができます(地方自治法112条、各議会の会議規則)。

① 自治体の意思(団体意思)を決定するもの(例えば、条例制定議案)について、議員定数の12分の1以上の者の賛成により議案を提出することができます(地方自治法112条2項)。

② 議会の意思(機関意思)を決定するもの(例えば、会議規則の改正)については、各議会の会議規則に定める一定数(例えば、2人とか3人)以上の者の賛成により議案を提出することができます。ただ、多数の議会では、地方自治法112条の「議員の定数の12分の1以上」と同じ要件にしています。

(2) 動議提出権として、議員は、次の手続により動議(予定議案以外の事項を議事に付するために議員から発議される事項)を提出することができます。

① 自治体の意思(団体意思)を決定する議案(例えば、条例制定議案)に対する修正の動議は、議員定数の12分の1以上の者の発議による必要があります(地方自治法115条の3)。

② 議会の意思(機関意思)を決定する議案(例えば、会議規則改正)に対する修正の動議は、各議会の会議規則に定める一定数の者の発議による必要があります。

③ 議員に対する懲罰の動議は、議員定数の8分の1以上の者の発議による必要があります(地方自治法135条2項)。

④ 秘密会とする動議は、議長又は議員3人以上の発議による必要があります(地方自治法115条1項)。

⑤ 上記以外の動議については、法律上の制限はないものの、通常は会議規則で一定の賛成者を必要としています。例えば、「動議は、地方自治法又はこの会議規則において特別の規定がある場合を除き、他に1人以上の賛成者がなければ議題とすることができない」というような規定を設けています。

なお、委員会による議案の修正案は、修正動議ではないので、委員長報告をそのまま議題とすることができますから所定の賛成者を必要としません。

(3) 発言権として、議員は、会議に出席して議題となった事件について議長の許可を得て質疑、討論、質問、動議の提出その他の必要な発言をすることができます。発言の許可は、委員会では委員長の許可となります。発言の要領については、議会の会議規則には次例のような詳細な規定をしています。

① 発言は、すべて議長の許可を得た後、登壇してしなければならない。ただし、発言が簡単な場合その他特に議長が許可したときは、議席で発言することができる。議長は、議席で発言する議員を登壇させることができる。

② 会議において発言しようとする者は、起立して「議長」と呼び、自己の議席番号を告げ、議長の許可を求めなければならない。2人以上起立して発言を求めたときは、議長は、先起立者と認める者から指名して発言させる。

③ 議長は、必要があると認めるときは、あらかじめ発言時間を制限することができる。

④ 発言は、すべて簡明にするものとし、議題外にわたり又はその範囲を超えてはならない。

(4) 表決権として、議員は、会議に出席して議題となった事件について賛成又は反対の意思を表示する権利を有します。議員は、自己の表決の訂正を求めることはできません。訂正を許すと議決の結果が不安定なものとなり議会の運営を混乱させることになるからです。従って、表決は、錯誤その他のいかなる理由によっても訂正はできません。

(5) 議会招集請求権として、議員は、議員定数の4分の1以上の者から自治体の長に対して、会議に付議すべき事件を示して臨時会の招集を請求すること

ができます（地方自治法101条3項）。この請求があった場合は、自治体の長は、請求のあった日から20日以内に臨時会を招集する必要があります（地方自治法101条4項）。本来、議会の招集は自治体の長が行いますが、議員にも議会招集請求権を認めているのです。

　また、議長は、議会運営委員会の議決を経て、自治体の長に対し、会議に付議すべき事件を示して臨時会の招集を請求することができます（地方自治法101条2項）。この請求があった日から20日以内に自治体の長が臨時会を招集しない場合は、議長が、臨時会を招集することができます（地方自治法101条5項）。

　(6)　開議請求権として、議員は、議長が会議を開かない場合には議員定数の半数以上の者から会議を開くよう請求することができます。この請求があったときは、議長は会議を開く必要があります（地方自治法114条）。この請求があっても、議長が会議を開かない場合は副議長が会議を開き、副議長に事故ある場合は仮議長を選任して会議を開きます（地方自治法106条）。

　(7)　請願紹介権として、議員は、議会に請願書を提出しようとする者の紹介議員になることができます。議会に対する請願には、その議会の議員の紹介が必要とされています（地方自治法124条）。この場合の紹介の仕方は、請願書に紹介議員として署名と押印をします。

　(8)　侮辱に対する処分要求権として、議員は、議会の本会議又は委員会において侮辱を受けた場合は、これを議会に訴えて処分を求めることができます（地方自治法133条）。

2　議員の義務

　(1)　会議に出席する義務として、議員は、議事機関である議会の会議に出席する義務があります。議員が正当な理由がなくて招集に応じないため又は正当な理由がなくて会議に欠席したため、議長が特に招状を発しても、なお故なく出席しない者は、議長において、議会の議決を経て、議員に懲罰を科することができます（地方自治法137条）。

　(2)　委員に就任する義務として、議員は、条例の定めにより、委員に選任さ

第5章　地方議員の議案提出権を活用するには、どうするのですか

れた場合は委員に就任する義務があります（地方自治法109条9項）。平成24年の地方自治法改正により委員の選任その他の委員会に関する事項は条例で定めることとされました。

(3)　議場の秩序維持義務として、議員は、議会の会議中、地方自治法や会議規則の規定に従って議場の秩序を維持する義務があります。この義務に違反して議場の秩序を乱す議員がある場合は、議長は、これを制止し又は発言を取り消させ、その命令に従わないときは、その日の会議が終わるまで発言を禁止し、又は議場の外に退去させることができます（地方自治法129条）。

(4)　懲罰に服する義務として、議員は、懲罰を科された場合は、これに服する義務があります。この義務に違反した場合には、新たな懲罰を科される場合があります（地方自治法134条）。

(5)　兼職禁止義務として、議員は、衆議院議員、参議院議員、地方公共団体の常勤職員、地方公務員法の短時間勤務職員と兼職することはできません（地方自治法92条）。

(6)　兼業禁止義務（関係諸企業への関与禁止義務）として、議員は、その自治体に対し請負をする者及びその支配人又は主として同一の行為をする法人の無限責任社員、取締役、執行役若しくは監査役若しくはこれらに準ずべき者、支配人及び清算人となることはできません（地方自治法92条の2）。

Q27
議会の権限には、どんなものがありますか

A27

1　議会の権限の種類

(1)　議会の権限として地方自治法に規定した権限を大別すると、①議決権、②選挙権、③同意権、④承認権、⑤検査権、⑥監査請求権、⑦意見書提出権、⑧調査権、⑨自律権、⑩請願・陳情受理権、⑪報告・書類受理権があります。

(2)　これらの権限は、あくまでも議会という機関に与えられた権限であって、個々の議員に与えられた権限ではありません。個々の議員に与えられた権限についてはQ26に述べた通りです。

2　議　決　権

(1)　議決権とは、自治体の意思決定機関としての議会が意思決定をする権限をいいます。議決権は、議会の権限の中で最も基本的かつ本質的な権限であって、自治体の議会を憲法93条では「議事機関」といっています。憲法93条1項は、「地方公共団体は、法律の定めるところにより、その議事機関として議会を設置する」としています。

(2)　議会は、議事機関（議決機関）であり意思決定機関ですが、自治体のすべての事項について議決ができるのではなく、議決をすることができる事項は、地方自治法に規定する次の議決を要する事項（議決事件）に限られています（地方自治法96条）。

　①　条例を設け又は改廃すること
　②　予算を定めること
　③　決算を認定すること
　④　地方税の賦課徴収、分担金・使用料・加入金・手数料の徴収に関すること

⑤ 条例で定める重要な契約を締結すること
⑥ 条例で定める場合を除き、財産を交換し出資の目的とし若しくは支払手段として使用し、又は適正な対価なくして譲渡し若しくは貸し付けること
⑦ 不動産を信託すること
⑧ 条例で定めている重要な財産の取得又は処分をすること
⑨ 負担の付いた寄付や贈与を受けること
⑩ 法律、政令、条例の特別の定めのある場合を除き、権利を放棄すること
⑪ 条例に定める重要な公の施設につき長期かつ独占的な利用をさせること
⑫ 不服申立、訴訟の提起、和解、斡旋、調停、仲裁に関すること
⑬ 自治体の負う賠償義務についての損害賠償の額を定めること
⑭ 公共的団体等（農協、漁協等）の活動の総合調整に関すること
⑮ 法律、政令、条例により議会の権限に属する事項
⑯ 条例で議会の議決すべきものとして定めた事項

(3) 議会の意思決定の種類には、その性質により次の3つに大別することができます。
　① 自治体の意思（団体意思）を決定するもの（例えば、条例の制定、予算の議決）
　② 議会の意思（機関意思）を決定するもの（例えば、会議規則の改正、意見書提出）
　③ 自治体の長の権限行使の前提として決定するもの（例えば、人事同意案件）

3　選挙権

(1) 選挙権とは、自治体の議会が議会の特定の地位に就くべき者を選挙する権限をいいます。この場合の選挙とは、議会が特定の地位に就くべき者を選定する行為をいいます。地方自治法97条1項は、「普通地方公共団体の議会は、法律又はこれに基づく政令によりその権限に属する選挙を行わなければならない」と規定しています。

(2) 議会の権限に属する選挙としては、次の選挙があります。
　① 議長と副議長の選挙（地方自治法103条1項）
　② 仮議長の選挙（地方自治法106条2項）
　③ 選挙管理委員とその補充員の選挙（地方自治法182条1項・2項）

(3) 議会の権限に属する選挙については、公職選挙法に規定する単記無記名投票、点字投票、代理投票、無効投票、地方議員の当選人の規定が準用されます。ただし、議会は議員中に異議のない場合は、指名推選の方法を用いることができます（地方自治法118条1項・2項）。

(4) 議会の権限に属する選挙の投票の効力に関し異議がある場合は、議会がこれを決定します。この決定に不服がある者は、決定があった日から21日以内に、都道府県にあっては総務大臣、市町村にあっては知事に審査を申し立て、その裁決に不服がある者は裁決のあった日から21日以内に裁判所に訴訟提起をすることができます（地方自治法118条5項）。

4　同意権

(1) 同意権とは、自治体の長その他の執行機関の執行行為のうち特に重要な行為について執行行為の前提手続として議会が関与する権限をいいます。

(2) 議会の同意の対象となる行為の例は、次の通りです。
　① 副知事、副市町村長の選任についての議会の同意（地方自治法162条）
　② 監査委員の選任についての議会の同意（地方自治法196条1項）
　③ 監査委員の罷免についての議会の同意（地方自治法197条の2）
　④ 職員の賠償責任の全部又は一部の免除についての議会の同意（地方自治法243条の2第8項）
　⑤ 自治体の長の法定期日前での退職についての議会の同意（地方自治法145条）
　⑥ 教育委員の任命についての議会の同意（地方教育行政の組織及び運営に関する法律4条1項）

(3) 議会の同意は、自治体の長その他の執行機関の行う行為について同意又は不同意の意思表示をするものですから、その提案権は自治体の長に専属し、

第5章　地方議員の議案提出権を活用するには、どうするのですか

議会には同意又は不同意の意思表示以外の修正権はありません。

5　承　認　権

(1)　承認権とは、議会の権限に属する事項について法定の理由により自治体の長が代わって意思決定をした場合（専決処分をした場合）に事後に議会が承認をする権限をいいます（地方自治法179条3項）。専決処分には、①法定の理由による場合（地方自治法179条）と②議会の委任による場合（地方自治法180条）とがあります。専決処分をした自治体の長は、②の場合は議会への報告で足りますが、①の場合には次の議会において報告し議会の承認を求める必要があります。ただ、議会が不承認とした場合でも専決処分の効力は影響がないとされています。そのため専決処分の濫用が問題となります。

(2)　法定の理由による専決処分ができる場合は次の通りです（地方自治法179条）。
　①　議会が成立しない場合（例えば、解散、議員総辞職）
　②　定足数の特例によっても会議を開くことができない場合
　③　自治体の長が特に緊急を要するため議会招集の時間的余裕がないことが明らかであると認める場合
　④　議会が議決すべき事件を議決しない場合

6　検　査　権

(1)　検査権とは、自治体の事務に関する書類や計算書を検閲し、その自治体の長、教育委員会、監査委員その他の機関に報告を請求し、その事務の管理、議決の執行及び出納を検査する議会の権限をいいます（地方自治法98条1項）。検査権は議員の権限ではなく議会の権限ですから議会の議決によって行使する必要があります。

(2)　検査の対象となる事務は、自治事務のほか法定受託事務も含まれますが、政令で定めるもの（例えば、国の安全を害するおそれがあるもの）は除かれます。

(3)　検査の方法は、書面による検査に限られ、実地検査をすることはできませんので、実地検査を必要とする場合は、監査委員に対する監査請求権を行使して監査委員が実地検査をしてその報告を受けることになります。

7　監査請求権

(1)　監査請求権とは、議会が監査委員に対し自治体の事務に関する監査を求め監査の結果に関する報告を請求する議会の権限をいいます（地方自治法98条2項）。監査請求権は議員の権限ではなく議会の権限ですから議会の議決によって行使する必要があります。

(2)　監査請求権の対象となる事務は、検査権の対象とする事務と同じで政令で定めるものを除く自治体の事務とされています。

(3)　監査委員から監査結果の報告を受けた議会は、監査結果に基づき又は監査結果を参考として措置を講じた場合には、その旨を監査委員に通知します。この場合には監査委員は、その通知に係る事項を公表する必要があります（地方自治法199条12項）。

8　意見書提出権

(1)　意見書提出権とは、自治体の公益に関する事件について議会の意思を決定して国会や関係行政庁（例えば、各省大臣）に意見書を提出することができる議会の権限をいいます（地方自治法99条）。

(2)　意見書の内容や提出は議会の意思（機関意思）を表明するものですから、その議決は会議規則に定める数の議員からの意見書提出議案の提出を受けた議会が議会意思の決定としての議決をする必要があります。発案権は議員に専属します。

9　調査権

(1)　調査権とは、議会が地方自治法100条の規定に基づき自治体の事務に関する調査を行い、選挙人その他の関係人の出頭・証言・記録の提出を請求することができる議会の権限をいいます（地方自治法100条1項）。一般に「100条調査権」ともいいます。

(2)　100条調査の対象となる事務は、自治体の事務（自治事務や法定受託事務）とされていますが、労働委員会その他の政令で定める事務は除かれています。

第 5 章　地方議員の議案提出権を活用するには、どうするのですか

(3)　議会の権限とされていますが、議員全員による調査は困難ですから、実務では、一般に議会に設置した特別委員会や常任委員会に付託して調査を行います。

10　自 律 権

(1)　自律権とは、議会が国、都道府県、市町村の執行機関から何らの干渉を受けないで自らを規律する議会の権限をいいます。例えば、①会議規則の制定権、②議会の会期、延長、開閉に関する決定権、③議会の規律の維持、④議員に対する懲罰権、⑤議員の資格の決定に関する規定があります。

(2)　会議規則の制定権として、自治体の議会は会議規則を設ける必要があり（地方自治法120条）、議員の懲罰に関し必要な事項は会議規則中に定める必要があります（地方自治法134条2項）。

(3)　議会の会期・延長・開閉は、議会が自主的に定めます（地方自治法102条7項）。

(4)　議会の規律の維持として、議長は議場の秩序を保持し議事を整理し議会の事務を統理し議会を代表します（地方自治法104条）。

(5)　議員に対する懲罰権として、議会は、地方自治法、会議規則、委員会に関する条例に違反した議員に対し議決により懲罰を科すことができます（地方自治法134条1項）。

(6)　議員の資格の決定として、議員が被選挙権を有しない場合又は自治体と請負関係にある場合には、その職を失いますが、被選挙権の有無や請負関係の有無については議会が出席議員の3分の2以上の多数により議決する必要があります（地方自治法127条1項）。

11　請願・陳情受理権

(1)　請願・陳情受理権とは、議会に対する請願書や陳情書を受理してこれを処理する議会の権限をいいます。

(2)　議会に対する請願には、その議会の議員の紹介を必要としています（地

方自治法124条)。議員の紹介は、請願書に議員が署名と押印をいます。紹介議員は1人で足ります。

(3) 議会に対する陳情には、議員の紹介は不要です。一般に陳情書の取り扱いは、会議規則によって、請願書の例により処理することとされています。

12 報告・書類の受理権

(1) 報告・書類の受理権とは、自治体の長その他の執行機関から報告を受けたり書類の提出を受ける議会の権限をいいます。

(2) 議会が受ける報告には、次の例があります。
   ① 監査委員のなした監査結果の報告（地方自治法199条9項）
   ② 議会の委任による自治体の長の専決処分の報告（地方自治法180条2項）

(3) 議会が受ける書類の提出には、次の例があります。
   ① 自治体の長の自治体の事務に関する説明書の提出義務（地方自治法122条）
   ② 自治体の長の決算に係る主要施策の成果の説明書類の提出義務（地方自治法233条5項）

13 その他の議会の権限

(1) 自治体の長に対する議会の不信任決議権（地方自治法178条）

(2) 議会への諮問に対する答申権　（例えば、次例）
   ① 自治体の長は、給与その他の給付に関する処分について不服申立があった場合には、議会に諮問して決定する必要があります（地方自治法206条4項）。
   ② 自治体の長は、職員の賠償責任についての処分に対する不服申立があった場合には、議会に諮問して決定する必要があります（地方自治法243条の2第12項）。

(3) 議会の自主解散権（地方公共団体の議会の解散に関する特例法2条）
議会の解散の議決は、議員数の4分の3以上の者が出席し、その5分の4以

第 5 章　地方議員の議案提出権を活用するには、どうするのですか

上の者の同意を必要としています。

(4)　選挙管理委員の罷免権（地方自治法 184 条の 2 第 1 項）

第6章
地方議会の運営は、どのように行われるのですか

Q28
定例会、臨時会とは、どういうものですか

A28

1 定例会とは

(1) 定例会とは、定期的に招集される議会をいいます。自治体の議会の種類は、①定例会と②臨時会とに分けられます（地方自治法102条1項）。地方自治法102条2項は、「定例会は、毎年、条例で定める回数これを招集しなければならない」と規定していますが、例えば、条例で年4回と規定している場合は、議会の招集権を持つ自治体の長が定例会の開催月を規則や告示で、3月、6月、9月、12月のように定めています。

しかし、定例会・臨時会の区分を設けない「通年会期制」とすることも可能です。自治体の議会は、条例で定めるところにより、定例会・臨時会とはせず、毎年、条例で定める日から翌年の当該日の前日までを会期とすることができます（地方自治法102条の2第1項）。この場合には、条例で、定期的に会議を開く日（定例日）を定める必要があります（地方自治法102条の2第6項）。

(2) 自治体の議会を招集するのは、自治体の長の権限とされています（地方自治法101条1項）。自治体の長による招集は、緊急を要する場合を除き、開会の日前、①都道府県と市にあっては7日、②町村にあっては3日までに告示する必要があります（地方自治法101条7項）。緊急を要する場合は7日又は3日の期間は必要としないが、告示は必要です。

第6章　地方議会の運営は、どのように行われるのですか

(3)　自治体の議会は、議員定数の半数以上の議員が出席しなければ会議を開くことができません（地方自治法113条本文）。この数を定足数といいますが、例外として次の場合には定足数に満たない場合でも会議を開くことができます（地方自治法113条但書）。

①　議員の除斥（審議から排除する制度）によって半数に達しない場合
②　同一事件につき再度招集しても半数に達しない場合（臨時会のみ）
③　招集に応じても出席議員が定数を欠き議長が出席を催告してもなお半数に達しない場合
④　議長が出席を催告して半数以上に達した後、退場者があって半数に達しない場合

2　臨時会とは

(1)　臨時会とは、必要がある場合に特定の事件のみについて審議をするために臨時に招集される議会をいいます（地方自治法102条3項）。自治体の議会には、①定例会と②臨時会とがあり、①定例会には条例で招集回数が定められますが、②臨時会には招集回数の制限はありません。条例により「通年会期制」を採用している議会には、定例会・臨時会の区分はありません（地方自治法102条の2第1項）。

(2)　自治体の議会を招集するのは、自治体の長の権限とされています（地方自治法101条1項）。議長は、議会運営委員会の議決を経て、自治体の長に対し、会議に付すべき事件を示して、臨時会の招集を請求することができます（地方自治法101条2項）。この請求があった場合は、自治体の長は、請求のあった日から20日以内に臨時会を招集する必要があります（地方自治法101条4項）。ただ、20日以内に自治体の長が臨時会を招集しない場合は、議長が臨時会を招集することができます（地方自治法101条5項）。

(3)　議員の定数の4分の1以上の者は、自治体の長に対して、会議に付議すべき事件を示して臨時会の招集を請求することができます（地方自治法101条3項）。この場合も、自治体の長は、請求のあった日から20日以内に臨時会を招集する必要があります（地方自治法101条4項）。請求のあった日から20日以内に自治体の長が臨時会を招集しない場合は、議長は、請求をした者の申出に

基づき、その申出日から、都道府県と市では10日以内、町村では6日以内に臨時会を招集する必要があります（地方自治法101条6項）。

(4) 臨時会の開会中に緊急を要する事件がある場合には、上記の規定にかかわらず、直ちに、これを会議に付議することができます（地方自治法102条6項）。

3 通年会期制の創設の趣旨

(1) 平成24年の地方自治法改正により「通年会期制」が創設されましたが、主な創設の趣旨として次の点が挙げられています。
① 臨時会の招集が直近に決まることが多く、他に職業を有する者の出席が困難となり、多様な住民の意見を反映できない場合がある。
② 現行の会期制では、充分な審議時間の確保が困難である。
③ 閉会中の長による専決処分が多いのが問題となっている。

(2) 通年会期制を採用した場合でも、①一事不再議の原則（ひとたび議会の議決した案件については同一会期中には再び審議しない原則）や②会期不継続の原則（会期を単位として活動することから、その会期と後の会期との間に意思の継続はないとする原則）は、通年会期制でも会期は存在するので、これらの原則は適用されます。

第6章 地方議会の運営は、どのように行われるのですか

Q29
議案の審議は、どのように行われるのですか

A29

1 議案とは

(1) 議案とは、議会の議決の対象となる事件（案件）をいいます。議会の議決の対象となる事件には、大別すると次の3種類があります。

> ① 自治体の意思（団体意思）を決定する議案
>   （例えば、条例制定議案、予算案）
> ② 議会の意思（機関意思）を決定する議案
>   （例えば、会議規則改正議案、意見書提出議案）
> ③ 自治体の長の執行の前提手続として議決を要する議案
>   （例えば、人事同意案件、重要な契約の締結）

(2) 議案を議会に提出する権限を提案権とか発案権といいますが、その権限は、上例の議案では次のように自治体の長又は議員若しくは委員会となります。
　　① 条例制定議案では、自治体の長、議員、委員会
　　② 予算案では、自治体の長のみ
　　③ 会議規則改正議案、意見書提出議案では、議員、委員会
　　④ 人事同意案件、重要な契約の締結では、自治体の長のみ

(3) 議案の提出者が議員の場合は、①自治体の意思（団体意思）を決定する議案（例えば、条例制定議案）の場合には、議員定数の12分の1以上の者の賛成を必要としますが（地方自治法112条2項）、②議会の意思（機関意思）を決定する議案（例えば、意見書提出議案）の場合には、法律の規定はないので各議会の会期規則に定めた数の賛成者を必要とします。

(4) 議案の提出者が委員会の場合は、標準的な会議規則では、議案書に理由を付して委員長が議長に提出することとしています。

(5) 議案の提出時期は、議会に提出することから会期中ということになりますが、実務上は開会前に提出して写しが各議員に配布されます。いったん議会に提出した議案の撤回や訂正については法律の規定はありませんが、標準的な会議規則では、議会の許可を得る必要があるものとしています。ただ、会議の議題となる前においては議長の許可を要するものとしています。

2 議案の審議の手順

(1) 議案の審議の手順は、各議会の会議規則によって定められていますが、標準的な会議規則では、一般的に以下に述べる順序で進められます。ただし、簡易な議案については説明の段階を経ないで表決に付される場合があります。

(2) 議案を本会議のみで審議する場合の手順は、一般に次のようになります。
① 議案の上程（議長が議題を宣告します。2件以上を一括して議題にできます）
② 議案の朗読（必要がある場合のみ議会事務局職員に朗読させます）
③ 議案の説明（議案の提出者から議案の内容の説明をします）
④ 議案に対する質疑（議員は議案についての疑義をただします）
⑤ 討論（議員は議案に対する賛成又は反対の理由を述べます）
⑥ 表決（議員が議案に対する賛成又は反対の意思を表明します）

ただし、修正案が提出された場合は、質疑が終わった段階で修正案の説明をし、それに対する質疑を行い、本案と併せて討論を行い表決に移ります。

(3) 議案を委員会に付託して審査をする場合の手順は、一般に次のようになります。
① 上程（議長が議題を宣告します）
② 議案の朗読（必要がある場合のみ職員に朗読させます）
③ 議案の説明（議案の提出者から議案の内容の説明をします）
④ 議案に対する質疑（議案についての疑義をただします）
⑤ 議案の委員会付託（議会の議決によって委員会に審査を付託します）
⑥ 委員長の報告書の提出（委員会の審査終了後、委員長が議長に提出します）
⑦ 報告書を本会議に上程（議長が本会議の議事日程にあげます）

⑧　委員長の報告（委員長から審査の経過と結果を本会議で報告します）
　⑨　委員長報告に対する質疑（議員から報告についての疑義をただします）
　⑩　討論（議員は議案に対する賛成又は反対の理由を述べます）
　⑪　表決（議員は議案に対する賛成又は反対の意思を表明します）

ただし、修正案が提出された場合は、委員長の報告が終わった段階で修正案の説明をし、それに対する質疑を行い、本案と併せて討論を行い表決に移ります。

3　表決とは

（1）　表決とは、議長の要求によって出席議員が議案に対して賛成又は反対の意思を表明することをいいます。表決のルールは、地方自治法に定めるもののほかは各議会の会議規則に定めます。

（2）　地方自治法に特別の定めがある場合（例えば、3分の2以上の特別多数決による場合）を除いて、自治体の議会の議事は、出席議員の過半数で決定しますが、可否同数の場合は議長の決するところによります（地方自治法116条1項）。議長は、過半数で議決する場合には、議員として議決に加わる権利を有しないとされています（地方自治法116条2項）。しかし、特別多数決による場合には、可否同数とならないので、議長は、表決権を有することになります。

（3）　議長が表決を宣告した時に議場にいない議員は表決に加わることはできません。代理による表決や委任による表決は認められません。除斥された議員は、除斥された議案については表決に加わることはできません。

（4）　表決の対象となる議案は2個以上の議案を同時に表決に付することはできません。賛否の意思の表明ができないからです。ただし、実務上は、反対者が一人もいないことが明白な場合には2個以上の議案を一括して表決に付する場合もあります。

（5）　議員は、表決に当たって、その表決に条件を付けることはできません。表決は、各議員が賛成か反対かの単純な意思表示しかできないのです。

（6）　表決の方法は、標準的な会議規則では、①起立表決によることを原則とし、②記名投票又は無記名投票による表決、③簡易表決を規定しています。

① 起立による表決とは、議長が賛成者を起立させ、起立者の数を確認して可否を宣告する方法をいいます。起立しない者には、反対者のほかに態度保留者、棄権者も含まれますが、その理由に関係なく反対とみなされます。起立表決は、可とする者の起立を求めるもので、否とする者の起立を求めることはできません。
② 投票による表決は、起立表決で議長が起立者の多少を認定し難い場合、議長が必要があると認めた場合その他の会議規則に規定する場合に行われます。
③ 簡易表決とは、議長が異議の有無を諮り異議がない場合に直ちに可決を宣告する方法をいいます。例えば、議長から「本案は原案の通り決定することに異議はありませんか」と諮って、異議がない場合に「異議なしと認めます。議案第○号は原案の通り可決されました」といった簡易な表決がなされる場合です。

(7) 修正案が提出された場合の採決(議長が表決をとる行為)の順序は、原案と修正案、修正案と修正案について標準的な会議規則では次のように規定されています。
① 修正案は、原案より先に採決をします。
② 議員提出の修正案は、委員会の修正案より先に採決をします。
③ 議員の提出した修正案が複数ある場合は、原案に最も遠いものから先に採決をします。
④ 修正案がすべて否決された場合に、原案について採決をします。

(8) 議員は、自分の表決の訂正を求めることはできません。たとえ、錯誤があった場合でも、いかなる理由があっても、訂正は許されないのです。訂正を許すと議決の結果が不安定となり議会が混乱するからです。

4 会議運営の基本ルール

(1) 議事の公開の原則として、地方自治法115条1項本文は、「普通地方公共団体の議会の会議は、これを公開する」と規定しています。議事の公開の内容には、①議会の傍聴の自由、②報道の自由・取材の自由、③会議録の公表を

第6章　地方議会の運営は、どのように行われるのですか

含みます。ただし、議長又は議員3人以上の発議により出席議員の3分の2以上の多数で議決した場合には秘密会を開くことができるとされています（地方自治法115条1項但書）。

(2)　定足数の充足の原則として、議会は議員定数の半数以上の議員が出席しなければ会議を開くことができないとされています（地方自治法113条本文）。定足数の充足は、会議の開会の要件であるとともに会議継続の要件でもあるので、会議の途中で定足数を満たさなくなった場合は、会議を継続することはできませんが、例外も規定されています（地方自治法113条但書）。

(3)　過半数議決の原則として、地方自治法に特別の定めのある場合を除き、議会の議事は、出席議員の過半数で決し、可否同数の場合は議長が決するとしています（地方自治法116条1項）。

(4)　1事件1議題の原則として、議長は、1事件ごとに議題とする必要がありますが、標準的な会議規則では、例外として、議長は、必要があると認める場合は、2件以上の事件を一括して議題とすることができるとしています。

(5)　一事不再議の原則として、標準的な会議規則では、「議会で議決された事件については、同一会期中は、再び提出することはできない」と規定されています。この原則は、「同一会期中」とされますから、会期が異なると、この原則の適用はありません。この原則の例外として、自治体の長は、同一会期中でも同一事件を再議に付することができる場合があります（地方自治法176条1項・4項、177条1項）。

(6)　会期の不継続の原則として、地方自治法119条は、「会期中に議決に至らなかった事件は、後会に継続しない」と規定しています。会期中に議決に至らなかった議案は、次の議会以降に再度提出する必要があるのです。この原則の例外として、地方自治法109条8項は、「委員会は、議会の議決により付議された特定の事件については、閉会中も、なお、これを審査することができる」と規定しています。

Q30 条例の制定は、どのように行われるのですか

A30

1 条例とは

(1) 条例とは、自治体の議会が制定する法規の一種をいいます。憲法94条は、地方公共団体は「法律の範囲内で条例を制定することができる」とし、地方自治法14条1項は、「普通地方公共団体は、法令に違反しない限りにおいて第2条第2項の事務（地域における事務と法律又は政令により処理することとされる事務）に関し、条例を制定することができる」と規定しています。

(2) 条例を制定することのできる事務の範囲は自治体の事務に限られますが、自治体の事務は、地方自治法2条2項に規定する①地域における事務と②法律又は政令により処理することとされるものに分けられます（地方自治法14条1項）。①の地域における事務には、自治事務のほか法定受託事務（法令により自治体で処理することとされた事務）も含まれますが、自治事務が自治体の事務の中核をなすものです。②は地域事務ではない国の事務をいいます。

(3) 条例を制定することのできる範囲は、憲法で「法律の範囲内で」とされ地方自治法で「法令に反しない限りにおいて」と規定されていることから、かつては、次のような①上乗せ条例や②横出し条例の適法性が問題とされましたが、これらの条例でも、法律が明確に禁止している場合を除いて制定することができると解されています。

① 上乗せ条例とは、国の法令で定めた基準よりも更に厳しい基準を上乗せする条例をいいます。例えば、自治体の公害防止条例によって国の定めた水質汚濁の基準よりも更に厳しい基準を付け加えるような場合です。

② 横出し条例とは、国の法令では規制対象としていない事項を付け加えた条例をいいます。例えば、自治体の公害防止条例によって国の定めた規制対象としていない水質基準を付け加えるような場合です。

第6章　地方議会の運営は、どのように行われるのですか

(4)　自治体が、義務を課し又は権利を制限するには、法令に特別の定めがある場合を除いて、条例による必要があります（地方自治法14条2項）。条例の効力は、その自治体の区域内にしか及びませんが、その区域内の行為であれば、その自治体の住民でなくても何人に対しても効力が及びます。

(5)　自治体の条例には、法令に特別の定めのあるものを除き、その条例中に、条例に違反した者に対し、2年以下の懲役若しくは禁錮、100万円以下の罰金、拘留、科料若しくは没収の刑又は5万円以下の過料を科する旨の規定を設けることができます（地方自治法14条3項）。拘留とは、1日以上30日未満の間、刑事施設に拘置する刑をいいます。科料とは、1000円以上1万円以下の刑をいいます。没収とは、物の所有権を剥奪し国庫に帰属させる財産刑をいいます。過料とは、刑ではない金銭罰をいいます。

2　条例案の作成上の注意事項

(1)　条例を制定することができる範囲は、地方自治法2条2項に規定する自治体の事務に限られますから、国の役割分担とされている範囲については条例を制定することはできません（地方自治法14条1項）。更に、憲法、法律、政令、省令の規定に違反する内容の条例を制定することはできません（地方自治法14条1項）。

(2)　条例には地方自治法14条3項に規定する範囲の罰則規定を設けることができますが、刑罰権の発動はその障害の大きさに比例したものでなければなりません。例えば、自治体の区域内でのタバコのポイ捨てに対して2年以下の懲役といった重罰を科すことはできないのです。これを警察比例の原則といいます。

(3)　自治体の長は、法令に違反しない限りにおいて、その権限に属する事務に関し、規則を制定することができます（地方自治法15条1項）。自治体の長の制定する規則には、規則の違反者に対して5万円以下の過料を科する旨の規定を設けることができます（地方自治法15条2項）。

　自治体の制定する法規には、①条例と②規則の2種類が存在しますが、両者の相違は、①条例は議会の議決により制定する必要がありますが、②規則は自治体の長が単独で制定することができます。条例の規定と規則とが抵触する場

合は、条例が優先します。

(4) 条例の内容を大別すると、①自治体の内部管理に関するもの（例えば、職員の定数を定める条例、職員の給与を定める条例、自治体の組織を定める条例）と、②自治体の住民等の権利義務を規定する条例（例えば、税条例、公害防止条例、情報公開条例）とに分けられます。①は住民の権利義務を直接に規制するものではありませんが、②は住民の権利義務を直接に規制するものですから特に慎重な検討が必要になります。

(5) 条例案の書き方の実際は、最近制定された法律の書き方を参考にします。特に法令用語の使い方には注意が必要です（法令用語の使い方については本書の著者による『これで万全・契約書マニュアル』リベルタ出版、2006 年、34 頁以下参照）。

3 条例の制定と公布の手順

(1) 条例の制定には議会の議決が必要ですから、議案を作成して議会に提出する必要があります。議会への条例制定議案の提案権者（発案権者）は次の通りとされています。

　① 自治体の長（地方自治法 149 条 1 号）
　② 議員（地方自治法 112 条 1 項）
　③ 委員会（地方自治法 109 条 6 項）

住民も地方自治法 74 条 1 項の規定により有権者の 50 分の 1 以上の連署をもって条例（地方税、分担金、使用料、手数料に関するものは除かれます）の制定や改廃の請求ができますが、この場合には、自治体の長は、議会を招集する必要があります。

(2) 条例の議案（制定や改廃の議案）は、①自治体の長、②議員、③委員会から提出することができますが、議員から提出する場合には、議員定数の 12 分の 1 以上の賛成者（提出者を含みます）とともに連署して議長に提出します。議員定数が 12 人以下の場合は、提出者の議員 1 人だけで提出することができます。委員会から提出する場合は、委員会の議決を経て委員長から議長に提出します。

第6章　地方議会の運営は、どのように行われるのですか

(3)　議会に提出された条例議案は、議会の審議を経て議決されることになりますが、議会は、必要がある場合には常任委員会その他の委員会に審議を付託します。付託された委員会は審議の結果と経過を本会議において委員長から報告し、質疑、討論、表決を行って議会の意思を決定します。ただ、委員会から提出された条例議案は、既に十分な審議を経て提出されていることから、再度の委員会付託は行いません。最初から本会議で審議される場合の手順は、通常の議案と同様に、提出者からの説明、質疑、討論を経て表決が行われます。

(4)　条例の制定や改廃の議案が議決された場合は、議長は、議決のあった日の翌日から3日以内に自治体の長に送付する必要があります（地方自治法16条1項）。条例の送付を受けた自治体の長は、再議その他の措置を講ずる必要がない場合を除き、送付を受けた日から20日以内にこれを公布する必要があります（地方自治法16条2項）。

(5)　条例は、その条例に特別の定めがある場合（例えば、施行期日を定めている場合）を除き、公布の日から起算して10日を経過した日から施行されます（地方自治法16条3項）。公布の日を第1日として11日目に当たる日から施行されます。

Q31 予算の審議は、どのように行われるのですか

A31

1 予算とは

(1) 予算とは、一定期間における収入と支出の見積もりをいいますが、自治体の予算は次の事項に関して定められます（地方自治法215条）。

① 歳出歳入予算（1年間の収入と支出の見積もり金額）
② 継続費（複数年度にわたって支出する場合の各年度の支出予定額）
③ 繰越明許費（その年度内に支出の終わらない見込みのあるもので翌年度に繰り越して使用できる経費）
④ 債務負担行為（翌年度以降においても債務を負担することになる行為）
⑤ 地方債（自治体が必要な財源を調達するために負う債務）
⑥ 一時借入金（会計年度中の一時的な支払資金不足を補うための借入金）
⑦ 歳出予算の各項の経費の金額の流用（各項の間の流用も原則禁止されているが、予算の定めにより相互に可能とされる流用）

(2) 歳入歳出予算の区分は、①歳入（収入）にあっては、その性質に従って「款」に大別し、かつ、各款の中は「項」に区分します。②歳出（支出）にあっては、その目的に従って「款」と「項」に区分します（地方自治法216条）。歳出歳入予算の科目の詳細は、地方自治法施行規則に規定しています。

(3) 歳出予算の経費の金額は、各款の間又は各項の間において相互に流用することはできませんが、歳出予算の各「項」の経費の金額は、予算の執行上必要がある場合に限り、予算の定めるところにより流用することができます（地方自治法220条2項）。予算の流用とは、予算の補正によらずに他の項の支出に充てることをいいます。各款の流用はできませんから、予算の補正による必要があります。予算科目は、款・項・目・節に分けられますが、目と節は執行上の科目に過ぎないので、各目や各節の流用については議会の議決は不要です。

第6章　地方議会の運営は、どのように行われるのですか

(4) 予算編成の原則として次の諸原則があります。
① 会計年度独立の原則として、毎会計年度（毎年4月1日から翌年3月31日までの1年間）の区分を明確にして年度ごとの収支が混同しないようにする必要があります。地方自治法208条2項は、「各会計年度における歳出は、その年度の歳入をもって、これに充てなければならない」と規定しています。ただし、継続費のような例外があります。
② 総計予算主義の原則として、地方自治法210条は、「一会計年度における一切の収入及び支出は、すべてこれを歳入歳出予算に編入しなければならない」と規定しています。一切の公金の収入と支出は、すべて議会の議決を得る予算に計上する必要があるのです。ただし、一時借入金のような例外があります。
③ 単一予算主義の原則として、自治体の会計は1個のものとし一会計年度1回の予算で処理することを原則とします。ただし、例外として、特定の事業のために一般会計と区別して特別会計を設けることもできますし予算の補正もできます。
④ 予算公開の原則として、自治体の長は、予算の議決があった後、議長から送付を受けた場合は、直ちにその予算の要点を住民に公表する必要があります（地方自治法219条2項）。更に、自治体の長は、条例の定めに従って毎年2回以上、歳入歳出予算の執行状況、財産、地方債、一時借入金の現在高その他財政に関する事項を住民に公表する必要があります（地方自治法243条の3第1項）。
⑤ 予算統一の原則として、予算の構成は法令の規定に従って統一的な様式で調製することとしています。予算の調製の様式は、地方自治法施行令144条2項・147条、地方自治法施行規則14条に規定しています。
⑥ 予算事前議決の原則として、予算の編成権は自治体の長にあるものの、議会の議決のない予算は自治体の長は執行することができないのです。

2　予算の編成と予算の審議の手順

(1) 予算を編成する権限は、自治体の長に専属し、議会や教育委員会、選挙管理委員会、監査委員その他の執行機関には権限がありません（地方自治法149条2号、211条1項）。議会費についても議長が経費を見積もって自治体の長に要求することになります。ただし、歳入歳出予算のうち教育に関する事務

に係る予算については、自治体の長は、予算の編成に当たって教育委員会の意見を聴く必要があります（地方教育行政の組織及び運営に関する法律29条）。

(2) 自治体の長は、毎会計年度予算を調製し、年度開始前に、議会の議決を経る必要があります。この場合、自治体の長は、遅くとも年度開始前に、都道府県と政令指定都市では30日前までに、その他の市町村では20日前までに予算を議会に提出する必要があります（地方自治法211条1項）。ただ、この提出期限の規定は訓示規定（違反しても制裁のない規定）と解されています。

(3) 予算の議決権は、自治体の議会に専属し、議会の議決のない場合は予算は確定せず予算を執行することはできません（地方自治法96条1項2号）。議会の議決には、①原案可決、②修正可決、③否決がありますが、実務上は、ほとんどが原案可決です。地方自治法97条2項は、「議会は、予算について、増額してこれを議決することを妨げない」と増額修正について規定していますが、当然に減額修正も可能です。修正可決に対して自治体の長に異議がある場合は、議決の送付を受けた日から10日以内に理由を示して再議（議決した事項を同一機関で再度審議すること）に付することができます（地方自治法176条1項）。

第6章 地方議会の運営は、どのように行われるのですか

Q32
決算の認定は、どのように行われるのですか

A32

1 決算とは

(1) 決算とは、一会計年度の歳入歳出予算の執行の実績について作成される確定的な集計結果をいいます。予算の執行によって、どのような成果を挙げたのかを示す成果報告書（実績報告書）ともいえます。

(2) 自治体の決算は、毎会計年度の出納完結後に歳入歳出の実績を予算と対比し、確定的な数字をもって示します。自治体の長は、決算を議会の認定に付す必要があります。

(3) 決算の性質は、事後的な財政報告の性質を有するものであって、違法又は不当な支出があったとしても、決算自体は、支出行為の効力を失わせるものではありません。議会が決算を認定しなかった場合でも、決算の効力に影響を及ぼすものではなく、自治体の長の政治的道義的責任の問題となるに過ぎないのです。

2 決算認定の制度

(1) 会計管理者は、毎会計年度、政令の定めに従って決算を調製し、出納の閉鎖後（5月31日から）、3か月以内に（8月31日までに）、証書類その他の書類と併せて自治体の長に提出する必要があります（地方自治法233条1項）。

(2) 自治体の長は、会計管理者から提出された決算と証書類その他の書類を監査委員の審査に付す必要があります（地方自治法233条2項）。

(3) 自治体の長は、監査委員の審査に付した決算を監査委員の意見を付して次の通常予算を審議する会議までに議会の認定に付す必要があります（地方自治法233条3項）。この場合の監査委員の意見の決定は、監査委員の合議により

決定します（地方自治法233条4項）。

(4)　自治体の長は、決算を議会の認定に付するに当たっては、その決算に係る会計年度における主要な施策の成果を説明する書類その他の政令で定める書類を併せて提出する必要があります（地方自治法233条5項）。

(5)　自治体の長は、議会の認定に付した決算の要領（要点）を住民に公表する必要があります（地方自治法233条6項）。

第6章　地方議会の運営は、どのように行われるのですか

Q33
委員会の運営は、どのように行われるのですか

A33

1　常任委員会の運営

(1)　自治体の議会は、条例によって、①常任委員会、②議会運営委員会、③特別委員会を置くことができます（地方自治法109条1項）。

(2)　常任委員会は、その部門に属する当該自治体の事務に関する調査を行い、議案、請願等を審査します（地方自治法109条2項）。「請願等」には、請願のほかに、陳情、陳情類似の要望、意見書のようなものも含みます。

(3)　常任委員会の権限は、大別すると、調査権と審査権に分けられます。常任委員会の調査権には、①その部門に属する自治体の事務に関する調査権（地方自治法109条2項）、②議会の付託による地方自治法100条に基づく調査権、③議会の付託による地方自治法98条に基づく検査があります。

　①　その部門に属する自治体の事務に関する調査権として、常任委員会は、その部門に属する自治体の事務に関する調査を委員会独自の判断によって自主的に行うことのできる固有の権限を有します。

　②　議会の付託による地方自治法100条に基づく調査権の行使は、特別委員会を設置して行う場合もありますが、常任委員会に付託して行うこともあります。

　③　議会の付託による地方自治法98条に基づく検査として、議会は、自治体の事務に関する書類や計算書類を検閲し、自治体の長、教育委員会、監査委員その他の執行機関の報告を請求して自治体の事務の管理、議決の執行や出納を検査することができますが、この検査は一般に常任委員会に付託して行います。

(4)　常任委員会の審査権とは、議案や請願・陳情などを審査する権限をいいます。

(5) 常任委員会は、議会の議決すべき事件のうち、その部門に属する当該自治体の事務に関するものにつき、議会に議案（予算は除きます）を提出することができます（地方自治法109条6項）。

2 議会運営委員会の運営

(1) 議会運営委員会も、条例によって置くことができるとされており、議会運営委員会の権限は、次に掲げる事項に関する調査を行い、議案、請願・陳情等について審査をすることとされていますから、調査権と審査権を有します（地方自治法109条3項）。
　① 議会の運営に関する事項（例えば、会期、会議日程、議席の決定）
　② 議会の会議規則、委員会に関する条例等に関する事項（例えば、改正の検討）
　③ 議長の諮問に関する事項（例えば、先例の解釈、諸規程の起案）

(2) 議会運営委員会の審査には、例えば、議会運営に関する請願や陳情の審査、会議規則や委員会条例の改正議案の審査があります。

(3) 議会運営委員会の権限には、上記の調査権と審査権のほかに常任委員会と同様に所管する部門に属する自治体の事務についての議案（予算は除きます）を議会に提出することができます（地方自治法109条6項）。

3 特別委員会の運営

(1) 特別委員会は、議会の議決により付議された事件を審査する権限を有することとされています（地方自治法109条4項）。委員会は、議会の議決により付議された特定の事件については、閉会中でも審査することができるとされています（地方自治法109条8項）。この場合の審査権には調査権も含まれます。特別委員会の権限には、議会の議決により付託された特定の事件についての審査や調査のほか、議会の議決により付託された地方自治法100条による調査や地方自治法98条による検査も含まれます。

(2) 特別委員会の権限には、上記の調査権と審査権のほかに常任委員会と同様に所管する部門に属する事項についての議案（予算は除きます）を提出することができます（地方自治法109条6項）。

第6章　地方議会の運営は、どのように行われるのですか

4　各委員会に共通する事項

(1)　委員の選任その他委員会に関し必要な事項は、条例で定めることとされています（地方自治法109条9項）。例えば、委員の選任の方法や委員会の運営の手順は、条例によって定めます。

(2)　委員会は、議会の議決すべき事件のうち、その部門に属する当該自治体の事務に関するものにつき、議会に議案（予算は除きます）を提出することができます（地方自治法109条6項）。この場合の議案の提出は、文書をもってする必要があります（地方自治法109条7項）。

(3)　委員会にも、次の地方自治法115条の2の公聴会と参考人の規定が準用されます（地方自治法109条5項）。
地方自治法115条の2（公聴会及び参考人）
1項　「普通地方公共団体の議会は、会議において、予算その他重要な議案、請願等について公聴会を開き、真に利害関係を有する者又は学識経験を有する者等から意見を聴くことができる。」
2項　「普通地方公共団体の議会は、会議において、当該普通地方公共団体の事務に関する調査又は審査のため必要があると認めるときは、参考人の出頭を求め、その意見を聴くことができる。」

(4)　委員会は、議会の議決により付議された特定の事件については、閉会中も、これを審査することができます（地方自治法109条8項）。付議された特定の事件に関する限り後会に継続するものであり、あらためて提案する必要はないとされています。閉会中とは、議会が本来の活動能力を有しない期間（定例会と臨時会の開会中以外の期間）をいいます。

Q34 全員協議会とは、どういうものですか

A34

1 全員協議会とは

(1) 全員協議会とは、平成20年の地方自治法改正前から、法的根拠もないのに多くの自治体の議会において協議や調整をするために置かれていた議員全員が参加をする事実上の地方議会の会議をいいます。平成20年の地方自治法改正により議会の「会議規則」に定めることにより正規の議会活動とすることができるようになりました（地方自治法100条12項）。

(2) 全員協議会は、平成20年の地方自治法改正により次の100条12項の規定が置かれ法的根拠が与えられました。

地方自治法100条12項 「議会は、会議規則の定めるところにより、議案の審査又は議会の運営に関し協議又は調整を行うための場を設けることができる。」

(3) 全員協議会は、地方自治法改正前は、法令上の根拠もない会合にもかかわらず、実務上は、会期前や会期中にも議長の招集によって議員全員が出席して開催されていました。法的根拠のない会合でしたから、住民の傍聴も許されず、議会や委員会の審議を形骸化させるほか、秘密裡に実質的な審議がなされ住民への透明性を欠く問題の多い会合でした。しかし、平成20年の地方自治法改正により法的根拠が与えられましたから、今後は、住民への会議の公開、会議録の作成その他の住民への審議の透明性の確保が図られる必要があります。

2 全員協議会の地方自治法改正前の運用の事例

(1) 近く開かれる議会に提出が予想される議案について、議員全員の意見を調整する目的で開催される場合がありました。例えば、議員提案がなされた条例制定議案について全議員から事前に意見を聴取しておくような場合です。少

第６章　地方議会の運営は、どのように行われるのですか

数議員の提案を握りつぶすのに悪用される場合がありました。

(2)　議長が自治体の長の依頼を受けて自治体の重要課題について自治体の長その他の執行機関の意見を聴くために開催する場合がありました。例えば、特定企業の誘致の可否、特定地域の開発の可否等の重要問題について自治体の長が議員全員から意見を聴くような場合です。政策の形成過程が住民に秘密にされ議会の審議を形骸化される危険性がありました。

(3)　本会議の途中で議長が休憩を宣言して議員全員で話し合いをしようとする場合がありました。この場合にも、議員相互間の意見を調整する場合と自治体の長との意見調整を図る場合がありますが、住民への議会活動の公開や透明性に欠け、このような運用は、議会や委員会の審議を形骸化させるものと言えます。

第7章
地方議会と自治体の長に関するその他の制度には、どんなものがありますか

Q35
再議とは、どういうことですか

A35

1 再議とは

(1) 再議とは、特定の事項について議会の議決と自治体の長の意見が対立した場合に、自治体の長の請求によって再度の審議をすることをいいます（地方自治法176条・177条）。自治体の長には、議会の議決が違法又は不当と認める場合や執行不能と認める場合には、議会の議決の効力を一時停止することができる一種の拒否権を認めているのです。

(2) 憲法や地方自治法は、自治体の議会の議員も、自治体の長も、それぞれ住民の直接選挙によって選ばれますから、議会と自治体の長は対等の関係にあります。従って、両者の対立関係が生じた場合の調整方法として再議の制度を認めているのです。

(3) 再議に付す場合には、大別すると、①一般的拒否権としての再議と、②特別拒否権としての再議があります。①の再議に付するか否かは自治体の長の任意とされていますが、②の再議は自治体の長の義務とされています。
　① 一般的拒否権としての再議とは、議会の議決（条例の制定や改廃、予算に関する議決その他）に異議がある場合の再議をいいます（地方自治法176条1項）。この再議は、議決のうち可決されたものに限られますから、否決されたものは含まれません。この再議の対象となるのは、(a)自治体

の長の提案した議案が修正可決された場合や(b)議員提案の議案が可決された場合が対象となります。

② 特別拒否権としての再議には、次の場合があります。

　ア　議会の議決又は選挙がその権限を超え又は法令若しくは会議規則に違反すると認める場合の再議（地方自治法176条4項）

　イ　議会が次の経費を削減し又は減額する議決をした場合（地方自治法177条1項）

　　a　法令により負担する経費、法律の規定に基づき当該行政庁の職権により命ずる経費その他の自治体の義務に属する経費

　　b　非常災害による応急若しくは復旧の施設のために必要な経費や感染症予防のために必要な経費

2　議会での条例の制定や改廃、予算その他に関する議決に異議がある場合の再議

(1)　自治体の長は、議会の議決について異議がある場合は、その議決の日（条例の制定・改廃や予算に関する議決については、議長から送付を受けた日）から10日以内に理由を示して再議に付することができます（地方自治法176条1項）。この場合の再議に付するか否かは自治体の長の任意です。

(2)　再度の審議をした結果、再度の議決が当初の議決と同じ議決である場合は確定し更に再議に付することはできません（地方自治法176条2項）。ただ、条例の制定・改廃や予算に関するものについては、再度の議決には出席議員の3分の2以上の同意による特別多数議決を必要とします（地方自治法176条3項）。

3　議会の議決又は選挙がその権限を超え又は法令若しくは会議規則に違反すると認める場合の再議

(1)　自治体の長は、議会の議決又は選挙がその権限を超え又は法令若しくは会議規則に違反すると認める場合は、理由を示して再議に付し又は再選挙を行わせる必要があります（地方自治法176条4項）。

(2)　再議に付し又は再選挙を行った結果が、なおその権限を超え又は法令若しくは会議規則に違反すると認める場合は、都道府県知事にあっては総務大臣、

市町村長にあっては都道府県知事に対して、議決や再選挙があった日から21日以内に審査を申し立てることができます（地方自治法176条5項）。総務大臣や知事は、申立を認めた場合は、その議決や選挙を取り消す旨の裁定をすることができます（地方自治法176条6項）。その裁定に不服がある議会や自治体の長は、裁定のあった日から60日以内に裁判所に訴えを提起することができます（地方自治法176条7項）。

4　議会が法令により負担する経費や自治体の義務に属する経費を削除し又は減額する議決をした場合の再議

(1)　自治体の長は、議会が法令により負担する経費（例えば、生活保護費）や自治体の義務に属する経費（例えば、義務教育費）を削除し又は減額する議決をした場合は、理由を示して再議に付する必要があります（地方自治法177条1項1号）。

(2)　再度の議決について特別の議決要件は規定されていませんから過半数による議決となります。自治体の義務に属する経費（義務費）を再議によりなお削除し又は減額した場合は、自治体の長は、その議決にかかわらず、当初の原案を執行することができます（地方自治法177条2項）。これを原案執行権といいますが、義務費については議会で削除や減額はできないのです。

5　議会が非常災害応急復旧の経費や感染症予防の経費を削除し又は減額する議決をした場合の再議

(1)　自治体の長は、議会が非常災害（例えば、大地震）による応急若しくは復旧の施設のために必要な経費や感染症（例えば、コレラ）予防のために必要な経費を削除し又は減額する議決をした場合は、理由を示して再議に付する必要があります（地方自治法177条1項2号）。

(2)　再度の議決について特別の議決要件は規定されていませんから過半数による議決となります。自治体の長は、再議により、なお削除し又は減額した再度の議決がなされた場合には、その議決を不信任の議決とみなすことができます（地方自治法177条3項）。従って、自治体の長は、議会を解散することができます。

Q36
専決処分とは、どういうことですか

A36

1 専決処分とは

(1) 専決処分とは、本来は議会が意思決定をすべき事件について、特定の場合に自治体の長が議会に代わって意思決定をすることをいいます（地方自治法179条・180条）。自治体の組織は、議決機関である議会の議員と執行機関である自治体の長とが相互に牽制し均衡することによって民主的な公正な地方自治行政の運営を確保することとしているものの、実際には対立することも多いことから、行政運営が停滞することを避けるために調整手段の1つとして専決処分の制度を設けているのです。

(2) 専決処分は、大別すると、①地方自治法179条の規定によって専決処分をすることができる場合と、②地方自治法180条の規定によって議会の委任により専決処分をすることができる場合とがあります。①の場合には、自治体の長は、次回の議会において報告し議会の承認を得る必要があります。②の場合にも、自治体の長は、議会への報告は必要なものの議会の承認は不要です。

(3) ①の場合において、条例の制定若しくは改廃又は予算に関する処置について承認を求める議案が否決された場合は、自治体の長は、速やかに、当該処置に関して必要と認める措置を講ずるとともに、その旨を議会に報告する必要があります（地方自治法179条4項）。

2 地方自治法179条の規定によって専決処分をすることができる4つの場合

(1) 自治体の議会が成立しない場合（例えば、議会の解散や議員が総辞職した場合）には、自治体の長は専決処分をすることができます（地方自治法179条1項）。

(2) 出席議員数が足りず会議を開くことができない場合には、自治体の長は専決処分をすることができます（地方自治法179条1項）。地方自治法113条但書の特例により出席議員数が議員定数の半数に満たなくても会議を開くことはできますが、その場合でも議長のほか1名の出席では合議体と言えないので会議を開くことはできません。

(3) 自治体の長が特に緊急を要するため議会を招集する時間的余裕がないことが明らかであると認める場合には、専決処分をすることができます（地方自治法179条1項）。旧法では「議会を招集する暇がないと認めるとき」と規定されていましたが、この規定が濫用されたため現行のように改正されました。

(4) 議会が議決すべき事件を議決しない場合には、専決処分をすることができます（地方自治法179条1項）。例えば、議会が議決を故意に引き延ばす場合、天災地変により議決ができない場合があります。

(5) 自治体の長が、上の(1)から(4)のいずれかの専決処分をした場合には、次回の議会に報告をして、その承認を求める必要があります（地方自治法179条3項）。しかし、議会が不承認とした場合でも専決処分の効力に影響はないと解されています。その理由は、専決処分は、本来、議会が職責を果たすことができない場合や果たさない場合に、自治体の長が議会に代わって意思決定をするものですから、もし仮に、専決処分を無効とした場合には行政の安定性を失うことになり制度の趣旨が損なわれるからとされています。

(6) 自治体の長による専決処分のできる範囲から、平成24年の地方自治法改正により、「副知事」と「副市町村長」の選任の同意については除かれました（地方自治法179条1項但書）。その職務の重要性から専決処分の対象から除外したのです（地方自治法162条）。

3 地方自治法180条の規定によって議会の委任により専決処分をすることができる場合

(1) 自治体の議会の権限に属する軽易な事項で、その議決により特に指定したものは、自治体の長において専決処分をすることができます（地方自治法180条1項）。「軽易な事項」の範囲については議会の判断によります。議会が

第 7 章　地方議会と自治体の長に関するその他の制度には、どんなものがありますか

自治体の長に「軽易な事項」として委任した事項は自治体の長に権限が移りますから、議会は委任した事項について議決することはできません。

(2)　委任された事項について自治体の長が専決処分をした場合には、これを議会に報告する必要があります（地方自治法 180 条 2 項）。この場合には議会の承認は不要です。

(3)　議会の委任による専決処分ができるとされる事例としては次の例があります。具体例を知りたい場合には、情報公開条例により、自治体の長又は議会に対して、「地方自治法 180 条の規定による議会の委任による専決処分ができるとされる事項の分かる文書」の公開請求をします。

例　地方自治法 180 条 1 項の規定により市長において専決処分することができる事項

① 　市有土地・建物及びその附属物の明渡し並びに賃貸に関する訴えの提起、和解及び調停に関すること。
② 　1 件 100 万円以下の法律上市の義務に属する損害賠償の額を決定すること。
③ 　訴えの提起、和解又は調停で、その目的の価額が 100 万円以下のものの当事者となること。
④ 　議会の議決を経て締結した工事又は製造の請負契約について、契約金額の 10 分の 1 の額（その額が 2000 万円を超えるときは 2000 万円）以内の金額に係る変更契約を締結すること。

Q37 自治体の長の不信任決議とは、どういうことですか

A37

1 自治体の長の不信任決議とは

(1) 自治体の長の不信任決議とは、自治体の長の地位にある者に対して、その地位にあることが不適任であり信用できないという議会の議決をすることをいいます。不信任議決を受けた自治体の長は、10日以内に議会を解散しない限り失職します（地方自治法178条）。

(2) 議会において自治体の長の不信任の議決をした場合は、直ちに議長からその旨を自治体の長に通知する必要がありますが、この場合に自治体の長は、その通知を受けた日から10日以内に議会を解散することができます（地方自治法178条1項）。

(3) 議会が自治体の長の不信任の議決をした場合において、①議長から通知を受けた日から10日以内に議会を解散しない場合、又は②解散後初めて招集された議会において再び不信任の議決があり議長からその旨の通知があった場合は、自治体の長は、10日の期間が経過した日又は不信任議決の通知があった日において、その職を失います（地方自治法178条2項）。

(4) 議会での不信任の議決は、議員数の3分の2以上の者が出席し、①最初の不信任議決では、その4分の3以上の者の同意により、②解散後初めての議会では、その過半数の者の同意により議決する必要があります（地方自治法178条3項）。

2 自治体の長の不信任議決の手順

(1) 自治体の長の不信任決議案の提出方法は、通常の決議案の提出でも動議の提出でもかまいませんが、重要な議案ですから一般に文書による決議案として提出します。決議案の書面は、提出者が会議規則に定める人数の賛成者の署

第7章 地方議会と自治体の長に関するその他の制度には、どんなものがありますか

名と押印を得て議長に提出します。この場合の書式例は次の通りです。

【記載例】

```
                                              平成○年○月○日
○○町議会議長  ○○○○ 殿
                     提出者  ○○町議会議員  ○○○○ (印)
                     賛成者  ○○町議会議員  ○○○○ (印)

            ○○町長○○○○君の不信任決議案

 標記の議案を○○町議会会議規則第○条の規定に基づき別紙の通り提出する。
                                                    以上
```

【別紙】

```
                ○○町長の不信任決議

本議会は、○○町長○○○○君を信任しない。
以上、決議する。
平成○年○月○日
                                                ○○町議会

理由    （理由を住民に分かりやすいように簡潔に記載します）
                                                    以上
```

(2) 議会での不信任の議決の要件は、①最初の議決では出席議員の4分の3以上の者の同意が必要ですが（この場合は議長も表決権を有します）、②解散後の初めての議会の再度の不信任議決は過半数の者の同意により議決することができます（地方自治法178条3項）。

(3) 議会が最初の不信任の議決をした場合は、直ちに議長から自治体の長に通知をする必要がありますが、この場合に自治体の長が議会を解散する場合には、自治体の長は、その名義で「○○町議会を解散する」のように記載した書面を議長に提出します。その書面が議長に到達した時点で解散の効力が発生します。

Q38 自治体の長の権限は、どのようになっていますか

A38

1 自治体の長の主な権限

(1) 自治体の長は、その自治体を統轄し、自治体を代表するとされています（地方自治法147条）。統轄とは、自治体の事務の全般について自治体の長が総合的統一を確保する権限を有することをいいます。しかし、この規定により自治体の長に具体的な権限が認められるわけではなく、具体的な権限が認められるためには別に規定を必要とします。また、代表とは、自治体の長の行為が自治体の行為とみなされ、その法的効果が自治体に帰属することをいいます。

(2) 自治体の長は、その自治体の事務を管理し及びこれを執行するとされています（地方自治法148条）。自治体の事務には自治事務のほか法定受託事務も含まれます。「自治体の事務を管理し及びこれを執行する」とは、法令により他の執行機関の権限とされている事務を除き、自治体の長の権限で事務を処理することをいいます。

(3) 自治体の長は、概ね次に掲げる事務を担任するとされています（地方自治法149条）。

① 自治体の議会の議決を経る必要のある事件について議案を提出すること
② 予算を調製し、及びこれを執行すること
③ 地方税を賦課徴収し、分担金、使用料、加入金又は手数料を徴収し、及び過料を科すること
④ 決算を自治体の議会の認定に付すること
⑤ 会計を監督すること
⑥ 財産を取得し、管理し、及び処分すること
⑦ 公の施設を設置し、管理し、及び廃止すること

⑧　証書及び公文書類を保管すること
⑨　以上に定めるもの以外の自治体の事務を執行すること

(4)　自治体の長は、その権限に属する事務の一部をその補助機関である職員に委任し、又はこれに臨時に代理させることができます（地方自治法153条1項）。自治体の長の補助機関には、例えば、副知事、副市町村長、部長、課長があります。この場合の委任とは、自治体の長の権限の一部を受任者（補助機関）に委譲し、その受任者の権限として行わせることをいいます。また、代理とは、自治体の長の権限の一部を代理人（補助機関）に行使させることをいいます。両者の相違は、委任では、その事務に関する自治体の長の職務権限が失われるのに対して、代理では、自治体の長の職務権限は失われません。

自治体の長は、その権限に属する事務の一部をその管理に属する行政庁に委任することができます（地方自治法153条2項）。例えば、知事は、その都道府県の出先機関の長（例えば、○○土木事務所長）に行政文書の開示非開示の行政処分の権限を委任するような場合があります。

(5)　自治体の長は、その補助機関である職員を指揮監督するとしています（地方自治法154条）。この指揮監督権は、自治体の内部的な秩序維持や行政の統一性の必要から認められたものです。

(6)　自治体の長は、その権限に属する事務を分掌させるため、条例で、必要な地に、都道府県にあっては支庁及び地方事務所、市町村にあっては支所又は出張所を設けることができます（地方自治法155条1項）。

(7)　自治体の長は、その権限に属する事務を分掌させるため必要な内部組織を設けることができます。この場合に自治体の長の直近下位の内部組織の設置と分掌事務については条例で定めるものとしています（地方自治法158条1項）。

(8)　自治体の長は、その自治体の区域内の公共的団体等（例えば、農協、漁協、生協、社会福祉協議会）の活動の綜合調整を図るため、これを指揮監督することができます（地方自治法157条1項）。

2　自治体の長とその他の執行機関

(1)　執行機関とは、議事機関である議会との対比において、自己の名におい

て対外的に意思表示をすることのできる行政機関をいいます。執行機関には、①自治体の長、②委員会（教育委員会その他の行政委員会）、③監査委員があります（地方自治法138条の4第1項）。

(2) 自治体の執行機関は、その自治体の条例、予算その他の議会の議決に基づく事務及び法令、規則その他の規程に基づく自治体の事務を、自らの判断と責任において、誠実に管理し及び執行する義務を負います（地方自治法138条の2）。

(3) 自治体の執行機関の組織は、自治体の長の所轄の下に、それぞれ明確な範囲の所掌事務と権限を有する執行機関によって、系統的にこれを構成しなければならないとされています（地方自治法138条の3第1項）。

(4) 自治体の執行機関は、自治体の長の所轄の下に、執行機関相互の連絡を図り、すべて一体として、行政機能を発揮するようにしなければならないとされています（地方自治法138条の3第2項）。自治体の長は、その自治体の執行機関相互の間にその権限につき疑義が生じた場合は、これを調整するように努める必要があります（地方自治法138条の3第3項）。

第7章　地方議会と自治体の長に関するその他の制度には、どんなものがありますか

Q39 自治体の事務の検査と監査の請求は、どうするのですか

A39

1　自治体の事務の検査

(1)　自治体の議会は、その自治体の事務に関する書類や計算書を検閲し、自治体の長、教育委員、選挙管理委員会その他の法律に基づく委員会や監査委員の報告を請求して、その事務の管理、議決の執行及び出納を検査することができます（地方自治法98条1項）。

(2)　自治体の事務の検査は議会の権限ですから、議会の議決によって検査の範囲や検査の方法を決定する必要があります。議会の議決があった場合は、自治体の長、教育委員会その他の行政委員会、監査委員は、自治体の事務に関する書類や計算書を議会に提出する必要があります。例えば、補助金支出の事務に関する検査では、補助金支出の法的根拠の分かる書類、補助金支出要綱、各支出金調書その他の一切の会計書類を提出させる必要があります。

(3)　自治体の事務の検査に関する決議案は、議員から動議として提出することもできますが、重要な議案ですから、一般に会議規則の規定に従って書面で提出します。書式は決まっていませんが、次の書式例があります。

【記載例】

```
                                                  平成○年○月○日
○○町議会議長　　○○○○　殿
                       提出者　○○町議会議員　○○○○　（印）
                       賛成者　○○町議会議員　○○○○　（印）

              事務検査に関する決議案の提出について

標記の議案を○○町議会会議規則第○条の規定に基づき別紙の通り提出する。
                                                     以上
```

【別紙】

事務検査に関する決議

地方自治法第98条第1項の規定に基づき下記の通り事務の検査を行うものとする。

記

1　検査事項
　(1)　平成○年度の補助金支出に関する事項
　(2)　平成○年度の○○の支出に関する事項
2　検査方法
　(1)　関係書類（一切の会計書類を含む）の提出を求める。
　(2)　検査は、委員○人で構成する特別委員会を設置し、これに付託して行う。
3　検査権限
　本議会は、上記1記載の事項の検査を行うため地方自治法第98条第1項に規定する検査の権限を上記の特別委員会に委任する。
4　検査期限
　上記の特別委員会は、上記1記載の事項の検査が完了するまで、閉会中も検査を行うことができる。
5　理由　　　　　　　（省略）

以上

(4)　議会の委員会が自治体の事務に関する書類や計算書の提出を求める場合は、委員会の議決に基づいて委員長から議長を経由して関係執行機関に対して提出を求めます。

(5)　検査の実施は、あくまでも書類に基づく検査であって、実地検査を行うことはできません。実地検査を必要とする場合は、次に述べる監査委員に対する監査の請求によって行うことになります。

(6)　検査の結果は、委員会報告書として本会議に提出した後、本会議において委員長から報告をします。その後、必要に応じて議会の意思を明確にする決議をします。

第7章　地方議会と自治体の長に関するその他の制度には、どんなものがありますか

2　議会による監査の請求

(1)　自治体の議会は、監査委員に対し、その自治体の事務に関する監査を求め、監査の結果に関する報告を請求することができます（地方自治法98条2項）。監査委員の監査は、議会の閉会中でも行うことができます。

(2)　監査委員による監査に関する決議案も、議員から動議として提出することもできますが、重要な議案ですから、一般に会議規則の規定に従って書面で提出します。この場合の書式も決まっていませんが、次の書式例があります。

【記載例】

```
                                            平成○年○月○日
○○町議会議長　　○○○○　　殿
                           提出者　○○町議会議員　　○○○○　（印）
                           賛成者　○○町議会議員　　○○○○　（印）

              監査請求に関する決議案の提出について

標記の議案を○○町議会会議規則第○条の規定に基づき別紙の通り提出する。
                                                       以上
```

【別紙】

```
                    監査請求に関する決議

地方自治法第98条第2項の規定に基づき下記の通り監査委員に対し監査を求め、
その結果の報告を請求する。
                          記
1　監査を求める事項
  (1)　平成○年度の○○に関する事項
  (2)　平成○年度の△△に関する事項
2　監査結果の報告期限
  平成○年○月○日
3　理由　　　　　　　　　（省略）
                                                       以上
```

Q39 自治体の事務の検査と監査の請求は、どうするのですか

(3) 議会の議決がなされた後、議長から監査委員に対して監査の請求をしますが、この監査請求は文書によります。

(4) 地方自治法98条2項に基づく監査請求は、条例によって、監査委員の監査に代えて個別外部監査契約に基づく外部監査人の監査によることができる場合には、個別外部監査契約に基づく監査を求めることができます（地方自治法252条の40）。

(5) 議会から監査の請求を受けた監査委員は、監査を実施して、その結果を議会に報告する必要があります。報告を受けた議会は、必要に応じて議会の意思を明確にする決議をします。

(6) 監査委員から監査結果の報告を受けた議会は、その監査結果に基づき又は監査結果を参考にして措置を講じた場合には、その旨を監査委員に通知します。この場合には監査委員は、その通知に係る事項を公表する必要があります（地方自治法199条12項）。

第 7 章　地方議会と自治体の長に関するその他の制度には、どんなものがありますか

Q40 リコール（解職請求）とは、どういうことですか

A40

1　リコール（解職請求）とは

(1)　リコール（解職請求）とは、公職にある者が民意に反した行政運営を行った場合に、これを是正するため、その者を任期満了前に解職することを有権者が直接請求をする制度をいいます。

(2)　有権者が直接請求をする主な制度には、次のような制度があります。
　　① 　自治体の長の解職請求（地方自治法 81 条）
　　② 　自治体の議会の議員の解職請求（地方自治法 80 条）
　　③ 　自治体の議会の解散請求（地方自治法 76 条）
　　④ 　副知事その他の公務員の解職請求（地方自治法 86 条）
　　⑤ 　条例の制定や改廃の請求（地方自治法 74 条）
　　⑥ 　自治体の事務の執行についての監査の請求（地方自治法 75 条）
以上の直接請求制度の中の⑤⑥以外を一般にリコール制度と言っています。

2　リコール（解職請求）の主な制度

(1)　自治体の長の解職請求として、選挙権を有する者は、政令の定めにより、その総数の 3 分の 1 以上の者の連署をもって、その代表者から、自治体の選挙管理委員会に対し、その自治体の長の解職の請求をすることができます（地方自治法 81 条 1 項）。この請求があった場合は、選挙管理委員会は住民投票を実施し過半数の同意があれば、自治体の長は失職します（地方自治法 83 条）。

「その総数の 3 分の 1」については、①その総数が 40 万人を超え 80 万人以下の場合にあっては、その 40 万人を超える数に 6 分の 1 を乗じて得た数と 40 万人に 3 分の 1 を乗じて得た数とを合算して得た数、②その総数が 80 万人を超える場合にあっては、その 80 万人を超える数に 8 分の 1 を乗じて得た数と 40 万人に 6 分の 1 を乗じて得た数と 40 万人に 3 分の 1 を乗じて得た数とを合

算して得た数とされます（地方自治法81条1項）。

(2) 自治体の議会の議員の解職請求として、選挙権を有する者は、政令の定めにより、所属の選挙区におけるその総数の3分の1以上の者の連署をもって、その代表者から、自治体の選挙管理委員会に対し、当該選挙区に属するその自治体の議会の議員の解職の請求をすることができます（地方自治法80条1項）。この請求があった場合は、選挙管理員会は、当該選挙区の選挙人の住民投票に付す必要があります（地方自治法80条3項）。住民投票において過半数の同意があった場合は失職します（地方自治法83条）。「その総数の3分の1」については、自治体の長の場合と同様になります。

(3) 自治体の議会の解散請求として、選挙権を有する者は、政令の定めにより、その総数の3分の1以上の者の連署をもって、その代表者から、自治体の選挙管理委員会に対し、その自治体の議会の解散の請求をすることができます（地方自治法76条1項）。この請求があった場合は、選挙管理委員会は住民投票を実施し過半数の同意があれば、自治体の議会は解散をします（地方自治法78条）。「その総数の3分の1」については、自治体の長の場合と同様になります。

(4) 副知事その他の公務員の解職請求として、選挙権を有する者は、政令の定めにより、その総数の3分の1以上の者の連署をもって、その代表者から、自治体の長に対し、副知事、副市町村長、選挙管理委員、監査委員、公安委員会委員の解職の請求をすることができます（地方自治法86条1項）。この請求があった場合は、自治体の議会の議員の3分の2以上の者が出席し、その4分の3以上の者の同意があった場合には失職します（地方自治法87条）。「その総数の3分の1」については、自治体の長の場合と同様になります。

第8章
公務員の個人責任の追及は、どうするのですか

Q41
告発とは、どういうことですか

A41

1 公務員の犯罪に対する告発

(1) 告発とは、犯人と告訴権者（例えば、被害者、親権者）以外の者が捜査機関（検察官や司法警察員）に対して犯罪事実を申告して犯人の処罰を求める意思表示をいいます。告発は、告訴とは異なり、誰でも犯罪があると思う場合は告発をすることができるのです（刑事訴訟法239条1項）。

告訴とは、犯罪の被害者、親権者その他の告訴権を有する者が捜査機関に対して犯罪事実を申告して犯人の処罰を求める意思表示をいいます（刑事訴訟法230条以下）。

公務員による犯罪の被害者となった場合（例えば、教師による生徒への暴行や傷害を受けた場合）は告訴をすることになりますが、その他の告訴をできない場合は告発をします。告訴も告発も同様の手続になります。教師による生徒への暴行・傷害の場合の告訴・告発の方法は、『いじめ・体罰・校内暴力～保護者の法的対応マニュアル』（信山社、2013年）が参考になります。

(2) 国家公務員（官吏）や地方公務員（公吏）は、その職務を行うことにより犯罪があると思うときは、告発をしなければならないとされています（刑事訴訟法239条2項）。公務員以外の者にとっては告発は権利にしかすぎませんが、公務員は、その職務を行うことにより犯罪があると思うときは告発をする義務があるのです。

第8章　公務員の個人責任の追及は、どうするのですか

　公務員がこの告発義務に違反した場合は、公務員法に規定する法令遵守義務違反として懲戒処分の対象となります。

> 刑事訴訟法239条
> 　① 何人でも、犯罪があると思料するときは、告発をすることができる。
> 　② 官吏又は公吏は、その職務を行うことにより犯罪があると思料するときは、告発をしなければならない。

2　公務員の犯罪に対する告発の方法

(1)　告発の方法は、書面（告発状）又は口頭で検察官又は司法警察員（巡査部長以上の警察官）に対してする必要があります。口頭による告発を受けた検察官や司法警察員は、調書を作成する必要があります（刑事訴訟法241条）。しかし、実務上は、「告発状」という書面を捜査機関に提出します。

(2)　告発状の宛先は、実務上は、告発人又は被告発人の住所地の①地方検察庁検事正（地方検察庁の長のこと）又は②警察署長とします。

(3)　告発状の提出方法は決まっていませんが、郵送をするのが便利です。提出した後は、捜査機関から追加の証拠の提出を求められたり追加の説明を求められますから、捜査に協力をする必要があります。告発人は参考人としての供述を求められる場合がありますから、時間の余裕のある日に供述調書を作成してもらいます。

3　告発状の書き方

(1)　告発状の書き方は決まっていませんが、一般に次のような書式が用いられます。用紙は、A4サイズの横書き、片面印刷とします。

Q41　告発とは、どういうことですか

【記載例】

告　　発　　状

平成○年○月○日

○○地方検察庁検事正　殿

　　　　　　　　　　告発人（住所）○県○市○町○丁目○番○号
　　　　　　　　　　　　　　（氏名）　　　　　　○○○○（印）
　　　　　　　　　　　　　　（電話）　　　　　　000-000-0000
　　　　　被告発人の表示（住所）○県○市○町○丁目○番○号
　　　　　　　　　　　　　　（氏名）　　　　　○○○○
　　　　　　　　　　　　　　（職業）　　○○県職員

第1　告発の趣旨

　上記の被告発人には、下記第2の告発事実記載の通り、刑法第156条（虚偽有印公文書作成罪）及び刑法第158条（虚偽有印公文書行使罪）の各犯罪を犯したと疑うに足りる相当の事由があると思料するので、当該被告発人の厳重な処罰を求めるため告発をする。

第2　告発事実

　　　　※犯罪事実に関する次の事項中の分かるものを簡潔に記載します。
　①　誰が（犯人は誰か）
　②　いつ（犯行の日時）
　③　どこで（犯行の場所）
　④　何を、又は誰に対して（犯罪の客体や相手方）
　⑤　どんな方法で（犯罪の方法や態様）
　⑥　なぜ（犯罪の動機や原因）
　⑦　どんな行為をしたか（犯罪行為とその結果）
　⑧　誰と（共犯者）

第3　立証方法

　1　平成○年○月○日起票の支出金調書写し
　2　平成○年○月○日起票の執行伺書写し
　3　平成○年○月○日付受領検収記録写し

第4　添付書類

　上記第3の立証方法1ないし3の写し　　　　各1通

以上

第8章　公務員の個人責任の追及は、どうするのですか

(2) 告発状の書き方で注意することは次の通りです。

① 表題は「告発状」とします。2行目の日付は作成日を記載します。

② 提出先は、原則として捜査機関の検察官としますが、暴行・傷害のような犯罪では警察署長とします。

③ 告発人の表示として、住所・氏名・連絡先電話番号は最低限記載します。

④ 被告発人の表示として、住所・氏名・職業は最低限記載しますが、氏名や住所が分からない場合は「氏名不詳」「住所不詳」のように記載します。この場合でも、例えば、「氏名不詳（平成○年○月当時の○県○課の本件公文書である会計書類の作成権限を有する公務員及び作成権限者を補助する公務員）」のようにある程度は特定できる記載をします。

⑤ 「告発の趣旨」として、刑罰法規の名称、罰条、罪名を記載するとともに、犯人の処罰を求める意思表示として「当該被告発人の厳重な処罰を求めるため告発をする」と明記します。

⑥ 「告発事実」として、その犯罪事実を特定する事項（例えば、犯行日時、場所その他）を分かる範囲で簡潔に記載します。

⑦ 「立証方法」には物的証拠（文書その他の物）や人的証拠（目撃者のような証人や参考人）を具体的に表示します。文書の表示は文書名とその作成年月日を表示します。人的証拠では氏名と住所を表示します。

⑧ 「添付書類」は、必ず写し（コピー）を添付します。

⑨ 捜査の参考になると思われる事項がある場合は、「第5　参考事情」としてその事情を詳述します。

Q42 公務員が公務で刑事責任を負う場合には、どんな場合がありますか

A42

1 公務員が内容虚偽の公文書を作成したり使ったりした場合

(1) 公務員が、その職務に関し、行使の目的で、虚偽の文書を作成し又は文書を変造した場合は、虚偽公文書作成罪が成立します（刑法156条）。その文書の印章（印鑑）や署名の有無により刑罰が異なります。有印公文書では1年以上10年以下の懲役、無印公文書では3年以下の懲役又は20万円以下の罰金とされています。

(2) 公務員が、その職務に関して行使の目的で作成した内容虚偽の公文書を行使した場合は、虚偽公文書行使罪が成立します（刑法158条）。行使とは、内容虚偽の公文書を内容の真実な文書として使用したり偽造された公文書を真正な文書として使用することをいいます。刑罰は、虚偽公文書作成罪（刑法156条）によって作成した内容虚偽の公文書を行使した場合は、虚偽公文書作成罪と同一の刑に処せられます。

2 公務員がカラ出張、カラ会議、カラ雇用をした場合

(1) カラ出張とは、公務員が出張をしないのに出張したと偽って出張旅費（交通費や宿泊料）を公金から支出させる場合や5泊6日の出張と偽って1泊2日の出張をして差額を騙し取るような場合をいいます。

(2) カラ会議とは、公務員が架空の会議や懇談会を実施したことにして飲食店に請求書を提出させて飲食店に公金を支払った後、その飲食店から支払額の返還を受けて裏金にしたり私的飲食に勝手気儘に使用するような場合をいいます。

(3) カラ雇用とは、架空の臨時要員（アルバイト）を雇用したことにして公金を支出させニセ領収書を会計担当課に提出し賃金相当額を騙し取る場合をい

第 8 章　公務員の個人責任の追及は、どうするのですか

います。

(4)　カラ出張、カラ会議、カラ雇用のいずれの場合でも、内容虚偽の公文書を作成したり内容虚偽の公文書を行使することになりますから、虚偽公文書作成罪（刑法 156 条）や虚偽公文書行使罪（刑法 158 条）が成立するほか、詐欺罪（刑法 246 条）や業務上横領罪（刑法 253 条）が成立する場合があります。

3　公務員が適法な許可申請を故意に不許可にした場合

(1)　公務員が適法な許可申請であることを知りながら、故意に恣意的に不許可処分をして申請者の権利の発生を妨げる行為をした場合は、公務員職権濫用罪（刑法 193 条）が成立します。例えば、自治体所有の市民会館会議室の適法な使用許可申請であることを知りながら、許可権限を有する公務員が、故意に恣意的に不許可処分をして申請者の権利の発生を妨げる行為をしたような場合です。

(2)　公務員職権濫用罪（刑法 193 条）は、「公務員がその職権を濫用して、人に義務のないことを行わせ、又は権利の行使を妨害したときは、2 年以下の懲役又は禁錮に処する」と規定しています。この場合の公務員は、他人に行為を命じ必要に応じてこれを強制する権限を有する公務員をいいます。

4　公務員が住民の同意書を勝手に作った場合

(1)　自治体が住民の同意書を取る必要がある場合（例えば、国土調査の地籍調査の住民の同意書）に、同意書が取れない場合に公務員が勝手に住民の同意書を偽造する場合があります。公務員が住民の同意書を勝手に作った場合は、私文書偽造罪（刑法 159 条）が成立します。偽造した同意書（私文書）を使った場合は、別に偽造私文書行使罪（刑法 161 条）が成立します。私文書とは、公文書（公務員が職務上作成した文書）以外の文書をいいます。

(2)　私文書偽造罪（刑法 159 条）と偽造私文書行使罪（刑法 161 条）について、次の通り規定されています。

①　行使の目的で、他人の印章若しくは署名を使用して権利、義務若しくは事実証明に関する文書若しくは図画を偽造し、又は偽造した他人の印章若しくは署名を使用して権利、義務若しくは事実証明に関する文書若

Q42 公務員が公務で刑事責任を負う場合には、どんな場合がありますか

しくは図画を偽造した者は、3月以上5年以下の懲役に処する。
② 他人が押印し又は署名した権利、義務又は事実証明に関する文書又は図画を変造した者も、①と同様とする。
③ ①と②に規定するもののほか、権利、義務又は事実証明に関する文書又は図画を偽造し又は変造した者は、1年以下の懲役又は10万円以下の罰金に処する。
④ 偽造私文書行使罪（刑法161条）として、偽造私文書や虚偽診断書の文書又は図画を行使した者は、その文書若しくは図画を偽造し若しくは変造し又は虚偽の記載をした者と同一の刑に処する。この罪の未遂は、罰する。

5 公務員が業者から商品券その他の賄賂を貰った場合

(1) 公務員が、その職務に関して賄賂を受け取り、又は賄賂を要求した場合は、収賄罪（刑法197条）が成立します。賄賂とは、公務員の職務行為に関する不正な報酬としての利益をいいます。賄賂の目的物は、金銭や物品のような財産的利益に限らず、人の欲望を満たすに足りる利益であれば賄賂となります。例えば、金銭、商品券、土地建物、飲食物の提供のほか、異性間の情交、就職の斡旋、芸妓の演芸も賄賂の目的となります。

(2) 収賄罪（刑法197条）は次のように規定しています。
① 公務員が、その職務に関し、賄賂を収受し又はその要求若しくは約束をした場合は、5年以下の懲役に処する（単純収賄罪）。この場合に請託を受けたときは、7年以下の懲役に処する（受託収賄罪）。
② 公務員になろうとする者が、その担当すべき職務に関し、請託を受けて賄賂を収受し又はその要求若しくは約束をした場合は、公務員となった場合において5年以下の懲役に処する（事前収賄罪）。

(3) 賄賂に関する犯罪には、上記のほかに次の犯罪があります。
　ア　第三者供賄罪（公務員自らが賄賂を収受せず第三者に供与させる場合）
　イ　加重収賄罪（収賄行為とともに収賄に関連して不正な行為をし又は相当な行為をしなかった場合）
　ウ　斡旋収賄罪（他の公務員に不正行為をさせ又は相当な行為をさせないよ

第8章　公務員の個人責任の追及は、どうするのですか

うに斡旋をした場合）

　　エ　贈賄罪（賄賂を供与し又は賄賂の申込や約束をした場合）

6　公務員の出張が中止になったのに出張旅費を返還しない場合

(1)　公務員の出張が中止になった場合や5泊6日の出張が1泊2日に変更になった場合に出張旅費を返還しない場合は、業務上横領罪（刑法253条）が成立します。この場合はカラ出張のように騙して公金支出をさせた場合とは異なり、適法に支出された公金を返還せずに不法に領得（不正に利用処分すること）する犯罪なのです。

(2)　横領罪の特色は、自己の占有（物を直接に法律的支配をすること）する他人の物を、不法に領得（他人の物を自己の物のように経済的法律的に利用したり処分すること）するという点にあります。

(3)　単純横領罪（刑法252条1項）は、「自己の占有する他人の物を横領した者は、5年以下の懲役に処する」としているのに対して、業務上横領罪（刑法253条）は、「業務上自己の占有する他人の物を横領した者は、10年以下の懲役に処する」と規定して加重処罰をすることとしています。

7　公務員が庁舎内の忘れ物を自分のものにした場合

(1)　公務員が庁舎内の忘れ物を自分のものにした場合は、遺失物横領罪（刑法254条）が成立します。遺失物とは、占有者の意思に基づかずに占有を離れ、未だ誰の所有にも属していない物をいいます。遺失物は、他人の所有物であれば足り、誰の所有物があるかが不明であっても、所有者がいることが確かであれば他人の物に当たります。無主物（廃棄された生ゴミのような現に所有者のいない物）は遺失物にはなりません。

(2)　遺失物横領罪（刑法254条）は、「遺失物、漂流物その他占有を離れた他人の物を横領した者は、1年以下の懲役又は10万円以下の罰金若しくは科料に処する」と規定されています。漂流物とは、水中にあった遺失物をいいます。横領とは、占有を離れた他人の物について不法に占有を取得することをいいます。

8 公務員が住民から提出された申請書を不法に破棄した場合

(1) 公務員が住民から提出された申請書を不法に破棄した場合は、公用文書毀棄罪（刑法258条）が成立します。住民の作成した申請書は私文書（公務員が職務上作成する公文書以外の文書）に該当しますが、公用文書毀棄罪は、「公務所の用に供する文書」とされていますから、公文書のほかに申請書のような私文書も含まれるのです。公務所とは、官公庁その他の公務員が職務を行う組織体を意味します。

(2) 公用文書毀棄罪（刑法258条）は、「公務所の用に供する文書又は電磁的記録を毀棄した者は、3月以上7年以下の懲役に処する」と規定されています。「公務所の用に供する文書」とは、現に公務所において使用されている文書のほか公務所において使用の目的で保管している文書も含まれます。

9 公務員が根拠もないのに特定会社の利益のために補助金を支出した場合

(1) 自治体のために事務を処理する公務員が法的根拠もないのに第三者の特定会社の利益を図るために補助金を支出し公務員の任務に背く行為をして自治体に損害を加えた場合は、背任罪（刑法247条）が成立します。

(2) 背任罪（刑法247条）は、「他人のためにその事務を処理する者が、自己若しくは第三者の利益を図り又は本人に損害を加える目的で、その任務に背く行為をし、本人に財産上の損害を加えたときは、5年以下の懲役又は50万円以下の罰金に処する」と規定されています。「他人のためにその事務を処理する者」とは、他人との間の信頼関係に基づいて事実上他人の事務を処理する者をいいます。他人には、自然人（人間のこと）のほか会社や自治体のような法人も含まれます。

10 公務員が庁舎内の住民を暴力で追い出した場合

(1) 公務員が庁舎管理権に基づき庁舎内の住民を退去させる場合でも、暴力で追い出した場合は暴行罪（刑法208条）が成立します。暴行の結果、住民の身体を傷害した場合には、傷害罪（刑法204条）が成立します。

第 8 章　公務員の個人責任の追及は、どうするのですか

(2)　暴行罪（刑法208条）は、「暴行を加えた者が、人を傷害するに至らなかったときは、2 年以下の懲役若しくは30万円以下の罰金又は拘留若しくは科料に処する」と規定されています。

(3)　傷害罪（刑法204条）は、「人の身体を傷害した者は、15年以下の懲役又は50万円以下の罰金に処する」と規定されています。

11　公務員がその他に刑事責任を負う主な場合

(1)　公務員が道路拡幅工事中に他人の家屋を故意に損壊した場合は、建造物損壊罪（刑法260条）が成立します。

(2)　公務員が住民を脅して税金や使用料を取り立てた場合は、恐喝罪（刑法249条）が成立します。

(3)　公務員が他の住民のいる申請窓口で申請者の住民をバカ呼ばわりした場合は、名誉毀損罪（刑法230条）又は侮辱罪（刑法231条）が成立します。

(4)　公務員が必要もないのに無断で他人の住居に侵入した場合は、住居侵入罪（刑法130条前段）が成立します。要求を受けても退去しなかった場合は、不退去罪（刑法130条後段）が成立します。

(5)　公務員が上司の課長印を勝手に使って課長名義の公文書を作成した場合は、公文書偽造罪（刑法155条）が成立します。

(6)　公務員が住民が破産したとウソの噂を流した場合は、信用毀損罪（刑法233条前段）又は偽計業務妨害罪（刑法233条後段）が成立します。

(7)　公務員がニセの公印を作ったり使ったりした場合は、公印偽造罪・公印不正使用罪（刑法165条）が成立します。

(8)　公務員が裁判所で宣誓をした後にウソの証言をした場合は、偽証罪（刑法169条）が成立します。

(9)　公務員が公用車の運転中に人身事故を起こして人を死傷させた場合は、業務上過失致死傷罪（刑法211条）が成立します。

Q42 公務員が公務で刑事責任を負う場合には、どんな場合がありますか

(10) 公務員が「職務上知り得た秘密」を漏らした場合は、守秘義務違反罪（地方公務員法34条）が成立します。

(11) 警察官が職権を濫用した違法な逮捕に際してケガをさせた場合は、特別公務員職権濫用致傷罪（刑法196条）が成立します。

(12) 教師が体罰を加えてケガをさせた場合は、傷害罪（刑法204条）が成立します。

第8章　公務員の個人責任の追及は、どうするのですか

Q43
公務員の懲戒処分を求めるには、どうするのですか

A43

1　公務員の懲戒処分とは

(1)　公務員の懲戒処分とは、公務員の勤務関係の規律や秩序を維持するため、任命権者（例えば、知事や市町村長のような自治体の長、教育委員会その他の行政委員会、代表監査委員、議会の議長）が公務員の義務違反に対してその責任を追及して行う不利益処分をいいます。

(2)　公務員の懲戒処分の種類としては、軽いものから、①戒告、②減給、③停職、④免職の4種類があります（地方公務員法29条1項）。

> ①　戒告（公務員の規律違反を確認し、その将来を戒める処分）
> ②　減給（一定期間、給与の一定割合を減額して支給する処分）
> ③　停職（給与を支給せず職務に従事させない処分）
> ④　免職（その公務員を排除する処分）

(3)　以上の4種類の懲戒処分を行うかどうか、いずれの懲戒処分を行うかは、任命権者の裁量権の範囲を逸脱しない限り、任命権者の自由裁量によって行うことができます。自由裁量とは、任命権者の行為について自由な判断に任せることをいいます。

2　懲戒処分の事由

(1)　懲戒処分の事由としては次の3つが規定されていますが、結局は、法令違反ということに尽きます（地方公務員法29条1項）。
　①　地方公務員法若しくは公立学校教職員についての特例を定めた法律又はこれに基づく条例、自治体の規則若しくは自治体の機関の定める規程に違反した場合

② 職務上の義務に違反し、又は職務を怠った場合
③ 全体の奉仕者たるにふさわしくない非行のあった場合

(2) 上記の①は、地方公務員法32条が「職員は、その職務を遂行するに当って、法令、条例、地方公共団体の規則及び地方公共団体の機関の定める規程に従い、且つ、上司の職務上の命令に忠実に従わなければならない」と規定していますから、上記の②（義務違反の場合）も、③（非行の場合）も含まれ、結局は、法令違反ということになります。

(3) 上記の②の職務上の義務は、法令又は職務上の命令によって課されるものですから、結局は、地方公務員法32条の違反（法令違反）となります。

(4) 上記の③についても、地方公務員法30条は「すべて職員は、全体の奉仕者として公共の利益のために勤務し、且つ、職務の遂行に当っては全力を挙げてこれに専念しなければならない」と規定していますから、結局は、同条違反（法令違反）に該当します。

3 公務員の懲戒処分を求める方法

(1) 公務員の懲戒処分を求める具体的な方法について法令の規定はありませんが、実務上は、請願法に基づいて任命権者に対して、具体的な法令違反の事実を摘示して懲戒処分を求めることになります。請願法は憲法16条の請願権の規定に由来するものです。憲法16条は、「何人も、損害の救済、公務員の罷免、法律、命令又は規則の制定廃止又は改正その他の事項に関し、平穏に請願する権利を有し、何人も、かかる請願をしたためにいかなる差別待遇も受けない」としています。更に、憲法15条1項は、「公務員を選定し、及びこれを罷免することは、国民固有の権利である」としています。

(2) 公務員の懲戒処分を求める法令上の根拠となる主な例は次の通りです。
① 地方公務員法30条（上記2の(4)の職務の根本基準）
② 地方公務員法32条（上記2の(2)の法令や上司の命令に従う義務）
③ 地方公務員法33条（信用失墜行為の禁止規定）
④ 地方公務員法34条（職務上の秘密を守る義務の規定）
⑤ 地方公務員法35条（職務に専念する義務の規定）

第 8 章　公務員の個人責任の追及は、どうするのですか

⑥　地方公務員法 38 条（営利企業への従事制限の規定）

⑦　地方公務員法 36 条（政党の結成その他の政治的行為の制限の規定）

⑧　地方公務員法 37 条（争議行為の禁止の規定）

Q44
虚偽告発の罪とは、どういうものですか

A44

1 虚偽告発の罪とは

(1) 公務員の犯罪について告発状を提出する場合や公務員の懲戒処分を求める場合には、虚偽告発罪（虚偽申告罪）に注意する必要があります。虚偽告発罪（虚偽申告罪）とは、他人に刑事又は懲戒の処分を受けさせる目的で、虚偽の告発（申告）をした者を処罰する刑法上の犯罪をいいます。

(2) 刑法172条（虚偽告発罪・虚偽申告罪）は、「人に刑事又は懲戒の処分を受けさせる目的で、虚偽の告訴、告発その他の申告をした者は、3月以上10年以下の懲役に処する」と規定しています。この場合の「虚偽」とは、客観的事実に反することをいいます。申告者が、その事実が虚偽であることを知りつつ申告する場合（故意犯）に成立するのです。客観的に真実である事実を虚偽であると誤信して申告しても、国家の審判作用を害することにならないので、本罪は成立しません。偽証罪（刑法169条）にいう「虚偽」は証人の記憶に反することとされており本罪の虚偽とは異なりますが、偽証罪では、証人の記憶に反する供述自体が国家の審判作用を誤らせる危険があるからです。

2 虚偽の申告とは

(1) 虚偽の申告とは、他人に刑事又は懲戒の処分を受けさせる目的があり、かつ、その内容は刑事又は懲戒の処分の原因となりうる事実を内容としていることが必要です。申告者が、申告する事実が虚偽であることを確定的なものとして認識している場合に限られます。

(2) 申告は、捜査機関や懲戒権者に対して自発的になされることが必要です。他人に刑事又は懲戒の処分を受けさせる目的がある場合に限られますから、自分に対する虚偽の申告の場合は本罪は成立しません。

第8章　公務員の個人責任の追及は、どうするのですか

(3)　刑事の処分とは、各種の刑罰のほか少年に対する保護処分も含まれます。懲戒の処分とは、公法上の監督関係により科される制裁で、公務員の懲戒処分のほか、公証人、公認会計士、弁護士、行政書士等に対する懲戒処分も含まれます。申告は、当該官公署に到達した時に既遂となり相手方が内容を知ることまでは必要としません。申告は、匿名でも他人名義でも本罪は成立します。

Q45 告発が不起訴処分とされた場合は、どうするのですか

A45

1 検察審査会への審査の申立

(1) 検察官が不起訴処分にした場合の告発人（告訴人も同じ）の救済方法には、①検察審査会への審査の申立、②付審判請求（公務員職権濫用罪その他の一定の犯罪の場合）、③上級検察庁の長に対する不服申立があります。以下、①について説明します。

(2) 告発人は、検察官の公訴を提起しない処分（不起訴処分）について不服がある場合は、その検察官の属する検察庁の所在地を管轄する検察審査会に対して、その不起訴処分の当否の審査を申し立てることができます（検察審査会法30条）。審査の申立費用は無料です。

不起訴処分をした場合には、その旨の「処分通知書」が告発人に郵送されます。

(3) 検察審査会とは、検察官が起訴又は不起訴とする権限を独占しているのに対して、その権限の濫用を防止するために設けられた制度をいいます。検察審査会は、衆議院議員の選挙権を有する者の中からクジで選ばれた11人の検察審査員（任期は6か月で3か月ごとに半数の5人又は6人が入れ替わる）で組織されます。

(4) 検察審査会は、審査の結果、次のいずれかの議決をしますが、①起訴相当の議決をする場合には検察審査員8人以上の賛成が必要です。②不起訴不当と③不起訴相当の議決は過半数（6人以上）により議決します（検察審査会法39条の5）。

① 起訴相当（起訴をすべきだとする議決）
② 不起訴不当（不起訴は不当だとする議決）
③ 不起訴相当（不起訴は正しいとする議決）

第8章　公務員の個人責任の追及は、どうするのですか

上記①の起訴相当の議決があった場合は、検察官は再捜査をし3か月以内に起訴するか否かを判断し、起訴しない場合は検察審査会は再度8人以上の多数により起訴議決をした場合には、裁判所の指定した弁護士が検察官に代わって強制的に起訴することになります。

2　検察審査会への審査申立書の書き方

(1)　検察審査会に提出する審査申立書の書き方は決まっていませんから、各地の地方裁判所庁舎内にある検察審査会の事務局で無料で交付される簡単な記入用紙を使用しても構いませんが、記入欄が狭くて書きにくい場合は次例のような書式でパソコンやワープロを使用して作成するのが便利です。

(2)　審査申立書を読むのは法律の専門家ではなく一般の市民ですから、なるべく専門用語を使用せずに分かりやすく記載することが大切です。証拠書類の添付は不要ですが、重要な証拠書類がある場合には、その写し（コピー）を添付します。

(3)　Q41で示した虚偽公文書作成罪・虚偽公文書行使罪の告発状に関する不起訴処分の事件の記載例を示すと次の通りです。

【記載例】

```
                    審査申立書

                                          平成○年○月○日
○○検察審査会　御中
                    申立人　（住所）　○県○市○町○丁目○番○号
                          （氏名）　　　　　　○○○○　（印）
                          （資格）告発人　（職業）農業　（年齢）65歳
                          （電話）　　　　　　　000-000-0000
検察審査会法第30条の規定に基づき下記の通り審査の申立をする。
                          記
第1　罪名
  1　虚偽有印公文書作成罪（刑法第156条）
  2　虚偽有印公文書行使罪（刑法第158条）
第2　不起訴処分年月日
```

Q45 告発が不起訴処分とされた場合は、どうするのですか

　　平成○年○月○日（処分通知書は、同日付検務第○○号）
第３　不起訴処分をした検察官
　　○○地方検察庁　検察官検事　○○○○
第４　被疑者
　１　○○○○　（○県の公務員　　住所・年齢は不詳）
　２　○○○○　（○県の公務員　　住所・年齢は不詳）
第５　被疑事実の要旨
　（告発状に記載した犯罪事実を記載します。告発状の犯罪事実をそのまま記載しても構いませんが、なるべく一般の市民が読みやすいように書き直します）
第６　不起訴処分を不当とする理由
　（なるべく箇条書きにして、分かりやすく詳細に記載します。理由の根拠となる証拠書類がある場合には、その証拠書類を表示して写し（コピー）を添付します）
第７　備考
　（審査をする上で参考になると思う事項がある場合に記載します）
　　　　　　　　　　　　　　　　　　　　　　　　　　　　　　　以上

① 表題は、「審査申立書」とします。用紙は、Ａ４サイズの用紙とし、横書き、片面印刷とします。
② 右上の日付は審査申立書の作成日とします。
③ 宛先は、不起訴処分をした検察官の属する検察庁の所在地の検察審査会とします。検察審査会の名称や所在場所は、ＮＴＴの職業別電話帳を参考にします。
④ 罪名は、処分通知書の通りに記載します。
⑤ 不起訴処分年月日は、処分通知書の通りに記載します。
⑥ 被疑者の氏名、住居、職業、年齢は、処分通知書で分かる範囲で記載します。
⑦ 被疑事実の要旨には、告発状に記載した犯罪事実を記載しますが、なるべく一般の市民にも分かるように書き直します。
⑧ 不起訴処分を不当とする理由には、可能な範囲で証拠書類を明示して一般の市民を説得することができるように分かりやすく記載します。最も重要な箇所ですから、詳細に記載します。

第8章　公務員の個人責任の追及は、どうするのですか

⑨　備考には、審査の参考になると思う事項がある場合に記載します。
⑩　審査申立書の提出は、郵送にします。

第9章 自治体に関するその他の重要な制度には、どんなものがありますか

Q46
監査委員の制度は、どのようになっていますか

A46

1 監査委員とは

(1) 監査委員とは、自治体（都道府県と市町村）の財務に関する事務の執行や自治体の経営に関する事業の管理を監査するために自治体に設置される執行機関をいいます。

(2) 監査委員の定数は、次の通りとされていますが、条例でその定数を増加することができるとされています（地方自治法195条2項）。

　① 都道府県と政令で定める市（人口25万人以上の市）では4人
　② その他の市町村では2人

(3) 監査委員の選任は、自治体の長が、議会の同意を得て、①人格が高潔で、自治体の財務管理、事業の経営管理その他行政運営に関し優れた識見を有する者と、②議員のうちから選任します。この場合、議員のうちから選任する監査委員の数は、都道府県と人口25万人以上の市では2人又は1人、その他の市町村では1人とされています（地方自治法196条1項）。

(4) 都道府県と人口25万人以上の市では、識見を有する者のうちから選任される監査委員のうち少なくとも1人以上は常勤とする必要があります（地方自治法196条5項）。

(5)　監査委員の任期は次の通りとされていますが、後任者が選任されるまでの間は、その職務を行うことができます（地方自治法197条）。
  ①　識見を有する者のうちから選任される監査委員では4年
  ②　議員のうちから選任される監査委員では議員の任期

(6)　監査委員の罷免は、自治体の長が、監査委員の心身の故障のため職務の遂行に堪えないと認める場合、又は監査委員に職務上の義務違反その他監査委員たるに適しない非行があると認める場合は、議会の同意を得て、罷免することができます。この場合には議会の常任委員会又は特別委員会において公聴会を開く必要があります。この場合を除いて、監査委員の意に反して罷免されることはありません（地方自治法197条の2）。

(7)　監査委員は、退職しようとする場合は、自治体の長の承認を得る必要があります（地方自治法198条）。

(8)　親族の就職禁止として、自治体の長、副知事、副市長と夫婦、兄弟姉妹の関係にある者は監査委員となることはできません。監査委員は、この関係が生じた場合には、その職を失います（地方自治法198条の2）。

(9)　監査委員の服務について、監査委員は、その職務を遂行するに当たっては、常に公正不偏の態度を保持して監査をする必要があります。監査委員は、職務上知り得た秘密を漏らしてはならないとされ、その職を退いた後も同様とされます（地方自治法198条の3）。

2　監査委員の職務権限

(1)　監査委員は、自治体の財務に関する事務の執行と自治体の経営に係る事業の管理を監査します（地方自治法199条1項）。

(2)　監査委員は、上記(1)に定めるもののほか、必要があると認める場合は、自治体の事務の執行について監査をすることができます（地方自治法199条2項）。

(3)　監査委員は、上記(1)又は(2)の規定による監査をするに当たっては、その自治体の財務に関する事務の執行及び自治体の経営に係る事業の管理又は自治

体の事務の執行が、地方自治法2条14号・15項の規定の趣旨にのっとってなされているかどうかに、特に意を用いる必要があります（地方自治法199条3項）。

地方自治法2条14項は、「地方公共団体は、その事務を処理するに当たっては、住民の福祉の増進に努めるとともに、最少の経費で最大の効果を挙げるようにしなければならない」と規定しています。

地方自治法2条15項は、「地方公共団体は、常にその組織及び運営の合理化に努めるとともに、他の地方公共団体の協力を求めてその規模の適正化を図らなければならない」と規定しています。

(4) 監査委員は、毎会計年度少なくとも1回以上期日を定めて上記(1)の規定による監査をする必要があります（地方自治法199条4項）。

(5) 監査委員は、上記(4)に定める場合のほか、必要があると認める場合は、いつでも上記(1)の規定による監査をすることができます（地方自治法199条5項）。

(6) 監査委員は、自治体の長から自治体の事務の執行に関し監査の要求があった場合は、その要求に係る事項について監査をする必要があります（地方自治法199条6項）。

(7) 監査委員は、必要があると認める場合又は自治体の長の要求がある場合は、自治体が補助金・交付金・負担金・貸付金・損失補償・利子補給その他の財政的援助を与えているものの出納その他の事務の執行で当該財政的援助に係るものを監査することができます。自治体が出資しているもので政令で定めるもの（資本金の4分の1以上を出資している法人）、自治体が借入金の元金又は利子の支払いを保証しているもの、自治体が受益権を有する信託で政令で定めるものの受託者及び自治体が地方自治法244条の2第3項の規定に基づき公の施設の管理を行なわせているもの（指定管理者）についても監査をすることができます（地方自治法199条7項）。

地方自治法244条の2第3項では、自治体は、公の施設（例えば、体育施設、ホール、市民会館、集会室）の管理運営を、法人その他の団体を指定して行わせることができるとしています。この団体を「指定管理者」といいます。

(8)　監査委員は、監査のため必要があると認める場合は、関係人の出頭を求め、若しくは関係人について調査し、若しくは関係人に対し帳簿、書類その他の記録の提出を求め、又は学識経験を有する者等から意見を聴くことができます（地方自治法199条8項）。

(9)　監査委員は、監査の結果に関する報告を決定し、これを自治体の議会及び長並びに関係のある教育委員会、選挙管理委員会、人事委員会若しくは公平委員会、公安委員会、労働委員会、農業委員会その他法律に基づく委員会又は委員に提出し、かつ、これを公表する必要があります（地方自治法199条9項）。

(10)　監査委員は、監査の結果に基づいて必要があると認める場合は、自治体の組織及び運営の合理化に資するため、上記(9)の規定による監査の結果に関する報告に添えて意見を提出することができます（地方自治法199条10項）。

(11)　上記(9)の監査の結果に関する報告の決定又は上記(10)の意見の決定は、監査委員の合議によります（地方自治法199条11項）。

(12)　監査委員から監査の結果に関する報告の提出があった場合において、当該監査の結果に関する報告の提出を受けた自治体の議会、長、教育委員会その他の行政委員会又は委員は、当該監査結果に基づき又は当該監査結果を参考として措置を講じた場合には、その旨を監査委員に通知するものとされています。この場合には、監査委員は、その通知に係る事項を公表する必要があります（地方自治法199条12項）。

3　監査委員事務局と代表監査委員

(1)　監査委員事務局として、①都道府県の監査委員には事務局を置きます。②市町村の監査委員には条例の定めるところにより事務局を置くことができます。事務局には事務局長、書記その他の職員を置きます。事務局を置かない市町村の監査委員の事務を補佐させるため書記その他の職員を置きます（地方自治法200条）。

(2)　代表監査委員として、監査委員は、①その定数が3人以上の場合にあっては識見を有する者のうちから選任される監査委員の1人を、②2人の場合にあっては識見を有する者のうちから選任される監査委員を代表監査委員とする

必要があります。代表監査委員又は監査委員の処分又は裁決に係る自治体を被告とする訴訟については、代表監査委員が自治体を代表します（地方自治法199条の3）。

Q47
指定管理者の制度とは、どういうものですか

A47

1 指定管理者とは

(1) 指定管理者とは、自治体の所有する公の施設（例えば、体育施設、市民会館、ホール、公園、駐車場）の設置の目的を効果的に達成するため必要があると認める場合に条例によって法人その他の団体に管理させるために自治体が指定した団体をいいます（地方自治法244条の2第3項）。

(2) 自治体は、法律又はこれに基づく政令に特別の定めがあるものを除き、公の施設の設置や管理に関する事項は、条例でこれを定める必要があります（地方自治法244条の2第1項）。法律又はこれに基づく政令に特別の定めがあるものとしては、例えば、道路、公民館、生活保護法の保護施設、公共下水道、都市公園があります。公の施設の管理とは、公の施設の本来の目的を有効に発揮させるための運営その他の作用をいいます。

(3) 公の施設の設置と管理に関する事項は、公の施設ごとに自治体の条例で定める必要がありますが、同種の施設（例えば、保育所、公園）が複数ある場合には、1つの条例に規定することもできます。条例に規定する事項の主なものは次の通りです。

① 公の施設の名称、所在場所、設置目的、施設の内容
② 施設の使用料金（公金会計に収納する場合）又は利用料金（指定管理者の収入とする場合）
③ 施設の使用申込又は利用申込に係る使用条件又は利用条件
④ 使用許可又は利用許可及び使用制限又は利用制限並びに不服申立方法
⑤ 施設の使用又は利用に関する禁止行為
⑥ 指定管理者の指定の手続
⑦ 指定管理者が行う管理の基準

Q47　指定管理者の制度とは、どういうものですか

⑧　指定管理者の行う業務の範囲
⑨　指定管理者の指定の期間の制約

(4)　自治体が指定管理者の指定をしようとする場合には、あらかじめ、自治体の議会の議決を経る必要があります（地方自治法244条の2第6項）。指定管理者の指定は、期間を定めて行います（地方自治法244条の2第5項）。

(5)　自治体は、適当と認める場合は、指定管理者にその管理する公の施設の利用に係る料金（利用料金）をその指定管理者の収入として収受させることができます（地方自治法244条の2第8項）。指定管理者に徴収させて公金会計に収納させる場合は「使用料」といいます（地方自治法225条）。

(6)　上記(5)の利用料金は、公益上必要があると認める場合を除いて、条例の定めるところにより、指定管理者が定めるものとされています。この場合には、指定管理者は、あらかじめ利用料金について当該自治体の承認を受ける必要があります（地方自治法244条の2第9項）。

(7)　自治体の長又は委員会は、指定管理者の管理する公の施設の管理の適正を期するため、指定管理者に対して、当該管理の業務又は経理の状況に関し報告を求め、実地について調査し、又は必要な指示をすることができます（地方自治法244条の2第10項）。

(8)　自治体は、指定管理者が上記(7)の指示に従わない場合その他指定管理者による管理を継続することが適当でないと認める場合は、その指定を取り消し、又は期間を定めて管理の業務の全部又は一部の停止を命ずることができます（地方自治法244条の2第11項）。

(9)　指定管理者は、毎年度終了後、その管理する公の施設の管理の業務に関し事業報告書を作成し、当該公の施設を設置する自治体に提出する必要があります（地方自治法244条の2第7項）。

(10)　自治体は、条例で定める重要な公の施設のうち条例で定める特に重要なものについては、これを廃止し、又は条例で定める長期かつ独占的な利用をさせようとする場合は、議会において出席議員の3分の2以上の者の同意を得る必要があります（地方自治法244条の2第2項）。

第9章　自治体に関するその他の重要な制度には、どんなものがありますか

2　指定管理者制度利用上の問題点

(1)　公の施設（例えば、体育施設）の使用の対価としては、①指定管理者の収入として収受させる利用料金（地方自治法244条の2第8項）と、②行政財産（例えば、庁舎のような自治体の公用又は公共用に供する財産）や公の施設の使用の対価として徴収する使用料（地方自治法225条）とがあります。指定管理者に公の施設の管理を委託する場合でも、例えば、年間3億円の収入があるのに、指定管理者の管理費用（人件費その他の全費用）が1億円しかかからない場合は、②の使用料として徴収するほうが自治体には有利ですが、実際では、①の利用料金として管理を委託している自治体が多いのです。①の使用料として徴収する場合は、指定管理者に徴収による費用（人件費その他の全費用）を支払う委託契約を締結することになります。

(2)　指定管理者の募集をするに際して、自治体に公の施設（例えば、体育施設）の管理に関する仕様書を作成する能力がない場合には、指定管理者からノウハウの提供を受けるプロポーザル方式（提案方式）により指定管理者の候補を募集する場合があります。この提案方式による趣旨は、自治体の保有しない民間事業者のノウハウを活用して公の施設の効果的な運営を図る点にありますが、提案を受けても、その提案の良否を判断する能力が自治体にない場合は、指定管理者候補の決定が困難となります。料理に例えると、寿司とカレーライスは、どちらが美味いかといったような無駄な比較に終わります。

このような提案の良否を判断する能力が自治体にない場合は、外部の専門家を選定委員に委嘱して選定を依頼することになります。外部の専門家に委嘱して指定管理者候補選定委員会のような執行機関の附属機関を設置する場合には、条例の根拠が必要ですから、選定委員会の設置に関する条例を制定しておく必要があります（地方自治法138条の4第3項）。

(3)　指定管理者の指定を受けた場合は、自治体との間で管理に関する協定書（契約書）を締結しますが、この協定書に定める主な事項は、指定管理者の募集要項や募集に際して公表した仕様書に明記しています。包括協定書に定める主な事項は、次の通りです。

　①　公の施設の使用の対価は、「使用料」として公金会計に納入するのか、指定管理者に「利用料金」収入として収受させるのか。

② 利用料金とする場合は、その金額の決定について自治体の承認を要すること。
③ 指定管理者が共同企業体（複数の企業が共同して事業を行う団体）の場合、その団体から脱退する場合には自治体の承認を要すること。
④ 施設の利用時間帯、休日、利用許可手続の決定には、自治体の承認を得ること。
⑤ 管理業務の内容の詳細
⑥ 指定管理者となる期間（一般に5年が多い）
⑦ 指定管理者の事業年度（毎年4月1日から翌年3月31日が多い）
⑧ 再委託の制限（清掃・警備のような個々の具体的業務を第三者に委託する場合でも自治体の承認を要すること）
⑨ 指定管理者の業務上取得した個人情報は自治体の個人情報保護条例や自治体の承認を得て作成する個人情報取扱基準によること。
⑩ 指定管理者の業務上取得した情報の公開については自治体の情報公開条例に準じた情報公開規程を自治体と協議して作成すること。
⑪ 施設の運営により受ける利益に応じて一定額を自治体に納付すること。
⑫ 予定した成果を超える収益があった場合の配分比率（例えば、各50％）
⑬ 指定管理者との管理契約の内容以外の事業は、自治体に使用料を支払って実施できること。
⑭ 毎年度の事業計画書と収支予算書を自治体に提出すること。
⑮ 毎月、施設の利用状況、収入実績、利用者からの苦情・意見、修繕の状況その他の自治体の指定する事項を自治体に報告すること。
⑯ 毎事業年度終了後、30日以内に自治体の指定する事業報告書を提出すること。
⑰ 指定管理者は必要な賠償責任保険に加入し契約内容を自治体に通知すること。
⑱ 施設の修繕費用の負担割合
⑲ 自治体は、随時の実地調査で帳簿その他の書類の提出を求めることができる。
⑳ 包括協定書とは別に年度ごとの協定書を締結すること。

第9章 自治体に関するその他の重要な制度には、どんなものがありますか

Q48
地方公務員の義務には、どんなものがありますか

A48

1　法令等と上司の職務上の命令に従う義務

(1)　職員は、その職務を遂行するに当たって、法令、条例、自治体の規則及び自治体の機関の定める規程に従い、かつ、上司の職務上の命令に忠実に従う必要があります（地方公務員法32条）。

(2)　すべての公務員は、憲法を尊重し擁護する義務を負うとされていますが（憲法99条）、一般職の地方公務員も、その職務を遂行するに当たっては、法令等に従うことが義務づけられています。

(3)　職員は、条例の定めるところにより、服務の宣誓をする必要があります（地方公務員法31条）。一般職の職員が服務の宣誓を行う場合の宣誓書の例文は次の通りです。

【宣誓書例文】

> 「私は、ここに、主権が国民に存することを認める日本国憲法を尊重し、かつ、擁護することを固く誓います。私は、地方自治の本旨を体するとともに公務を民主的かつ能率的に運営すべき責務を深く自覚し、全体の奉仕者として誠実かつ公正に職務を執行することを固く誓います。　　　年　月　日
> 　　　　　　　　　　　　　　　　　　氏名（署名）　　　　（印）　」

(4)　上司とは、職務上の上級の地位にある者で、その公務員を指揮監督する権限を有する者をいいます。職員は、上司の職務上の命令には忠実に従う義務がありますが、職務上の命令の違法性が明白かつ重大な場合は、無効な命令として拒否することができますし、拒否しなければならないと解されています。

2 職務に専念する義務

(1) 職員は、法律又は条例に特別の定めがある場合を除いて、その勤務時間及び職務上の注意力のすべてをその職務遂行のために用い、その自治体がなすべき責任を有する職務にのみ従事する義務があります（地方公務員法35条）。

(2) 職務専念義務は、法律又は条例に特別の定めがある場合に限り、これを免除することができます。法律による場合と条例による場合の職務専念義務が免除されるのは、次例のとおりです。

【法律による職務専念義務の免除】

① 職員が分限処分により休職にされた場合
② 職員が懲戒処分により停職にされた場合
③ 職員が任命権者の許可を得て職員団体の役員として専従する場合
④ 適法な交渉に出席する場合（職員団体の指名した役員・職員に限る）
⑤ 労働基準法に基づく年次有給休暇、産前産後、育児時間、生理日等
⑥ 育児介護休業法に基づく育児休業、介護休業

【条例による職務専念義務の免除】

① 休日・休暇に関する条例による休日
② 勤務時間に関する条例による休憩時間
③ 職務専念義務の免除に関する条例による次例の場合
　ア　研修を受ける場合
　イ　福利厚生計画の実施に参加する場合
　ウ　感染症予防法による交通の制限又は遮断がなされた場合
　エ　天変地変による交通遮断の場合
　オ　交通機関の事故等による不可抗力の場合
　カ　証人、鑑定人等として裁判所、国会、地方議会等に出頭する場合
　キ　選挙権を行使する場合

3 信用失墜行為の禁止

(1) 職員は、その職の信用を傷つけ、又は職員の職全体の不名誉となるよう

な行為をしてはならないとしています（地方公務員法33条）。

(2) 信用失墜行為（その職の信用を傷つけ、又は職員の職全体の不名誉となるような行為）とは、一般的には社会通念上、非難されるべき行為をいいますが、一般的な基準を立てることは困難ですから、個々の具体的な場合について社会通念に基づき判断することになります。例えば、次のような犯罪行為は信用失墜行為といえます。

> ① 公務員の職務に関する犯罪行為（例えば、虚偽公文書作成罪、公務員職権濫用罪、収賄罪に該当する行為）
> ② 勤務時間外での傷害行為・暴行行為
> ③ 飲酒運転、ひき逃げ行為

4　秘密を守る義務

(1) 公務員の守秘義務については次の通り規定されています（地方公務員法34条）。

> ① 職員は、職務上知り得た秘密を漏らしてはならない。その職を退いた後も、また、同様とする。
> ② 法令による証人、鑑定人等となり、職務上の秘密に属する事項を発表する場合においては、任命権者（退職者については、その退職した職又はこれに相当する職に係る任命権者）の許可を受けなければならない。任命権者とは、職員の採用、昇任、降任、転任、免職、懲戒などの人事権を有する者をいいます。
> ③ 上記②の許可は、法律に特別の定めがある場合を除く外、拒むことはできない。

(2) 「秘密」とは、一般的に了知されていない事実であって、それを一般に了知させることが一定の利益の侵害になると客観的に考えられるものをいいます。上記①の「職務上知り得た秘密」とは、職務執行上知り得た秘密をいいます。上記②の「職務上の秘密」とは、職員の職務上の所管に属する秘密をいいます。

例えば、税務職員がその保管する滞納整理簿に記載された特定の滞納者の滞

納額を漏洩することは「職務上の秘密」を漏洩することになります。また、教師が児童生徒の家庭訪問をした際に知った家庭の私的な事情を漏洩することは「職務上知り得た秘密」を漏洩することになります。

(3)　秘密を守る義務の違反は、懲戒処分の対象となるほか、上記(1)の①又は②の規定に違反した者は、1年以下の懲役又は3万円以下の罰金に処するとしています（地方公務員法60条第2号）。

(4)　国家公務員法100条1項にも守秘義務の規定がありますが、この場合の「秘密」の意味について最高裁判所判例は、秘密であるためには国家機関が単にある事項について形式的に秘密の指定をしただけでは足りず、同法にいう秘密とは、非公知の事項であって、実質的にもそれを秘密として保護するに価すると認められるものをいうと解釈しています（昭和52年12月19日最高裁判決）。

5　政治的行為の制限

(1)　職員は、政党その他の政治的団体の結成に関与し、若しくはこれらの団体の役員となってはならず、又はこれらの団体の構成員となるように、若しくはならないように勧誘運動をしてはならないとされています（地方公務員法36条1項）。

(2)　職員は、特定の政党その他の政治的団体又は特定の内閣若しくは地方公共団体の執行機関を支持し、又はこれに反対する目的をもって、あるいは公の選挙又は投票において特定の人又は事件を支持し、又はこれに反対する目的をもって、次に掲げる政治的行為をしてはならないとされています。ただし、当該職員の属する地方公共団体の区域外において、次の①から③及び⑤の政治的行為をすることはできます（地方公務員法36条2項）。

---

①　公の選挙又は投票において投票をするように、又はしないように勧誘運動をすること。
②　署名運動を企画し、又は主宰する等これに積極的に関与すること。
③　寄附金その他の金品の募集に関与すること。
④　文書又は図画を地方公共団体又は特定地方独立行政法人の庁舎、施設等に掲示し、又は掲示させ、その他地方公共団体又は特定地方独立行政法人の庁舎、施設、資材又は資金を利用し、又は利用させること。

第9章 自治体に関するその他の重要な制度には、どんなものがありますか

⑤ 上記に定めるものを除く外、条例で定める政治的行為

(3) 何人も、上記(1)及び(2)に規定する政治的行為を行うよう職員に求め、職員をそそのかし、若しくはあおってはならず、又は職員が上記(1)及び(2)に規定する政治的行為をなし、若しくはなさないことに対する代償若しくは報復として、任用、職務、給与その他職員の地位に関して何らかの利益若しくは不利益を与え、与えようと企て、若しくは約束してはならないとしています（地方公務員法36条3項）。

6　営利企業等の従事制限

(1) 職員は、任命権者の許可を受けなければ、次の3つの行為をすることが禁止されています。

① 営利を目的とする私企業を営むことを目的とする会社その他の団体の役員その他人事委員会規則で定める地位を兼ね、若しくは

② 自ら営利を目的とする私企業を営み、又は

③ 報酬を得ていかなる事業若しくは事務にも従事してはならないとしています（地方公務員法38条）。

(2) 「営利を目的とする私企業を営むことを目的とする」とは、商業、工業又は金融業等を営むことを目的とすることを意味します。「いかなる事業若しくは事務」とは、すべての事業と事務を含むことを意味します。営利を目的とする農業も含まれます。

(3) 本条の規定は、勤務時間内はもちろん、勤務時間外においても職員に適用されます。しかし、寺院の住職の職を兼ね、葬儀・法要等を営む際に、布施その他の名目により事実上職員の収入がある場合においても、布施は、一般的には報酬とは考えられないので、「報酬を得ていかなる事業若しくは事務に従事してはならない」との規定には該当しないと解されています。

7　争議行為等の禁止

(1) 職員は、地方公共団体の機関が代表する使用者としての住民に対して同盟罷業、怠業その他の争議行為をし、又は地方公共団体の機関の活動能率を低

下させる怠業的行為をしてはならないとしています。更に、何人も、このような違法な行為を企て、又はその遂行を共謀し、そそのかし、若しくはあおってはならないとしています（地方公務員法37条1項）。

(2)　職員で上記(1)の規定に違反する行為をしたものは、その行為の開始とともに、地方公共団体に対し、法令又は条例、地方公共団体の規則若しくは地方公共団体の機関の定める規程に基づいて保有する任命上又は雇用上の権利をもって対抗することができなくなるものとしています（地方公務員法37条2項）。

(3)　争議行為の禁止規定に違反した場合は懲戒処分の対象となりますが、争議行為の態様によっては、①法令や上司の職務命令に従う義務の違反、②信用失墜行為の禁止規定違反、③職務専念義務違反等の懲戒処分の対象となり得ます。

第 9 章　自治体に関するその他の重要な制度には、どんなものがありますか

Q49

議員の政務活動費とは、どんなものですか

A49

1　議員の政務活動費とは

(1)　議員の政務活動費とは、平成 24 年の地方自治法改正により従来の「政務調査費」の名称を変更し使い道の範囲を広げて、議員がより使いやすくした第二の給与とも言われるものをいいます。

(2)　平成 24 年の地方自治法改正前の旧規定は、次の通り規定していました。
　① 　旧地方自治法 100 条 14 項　「普通地方公共団体は、条例の定めるところにより、その議会の議員の調査研究に資するため必要な経費の一部として、その議会における会派又は議員に対し、政務調査費を交付することができる。この場合において、当該政務調査費の交付の対象、額及び交付の方法は、条例で定めなければならない。」
　② 　旧地方自治法 100 条 15 項　「前項の政務調査費の交付を受けた会派又は議員は、条例の定めるところにより、当該政務調査費に係る収入及び支出の報告書を議長に提出するものとする。」

(3)　平成 24 年の地方自治法改正により、次の通り規定されました。
　① 　現行の地方自治法 100 条 14 項　「普通地方公共団体は、条例の定めるところにより、その議会の議員の調査研究その他の活動に資するため必要な経費の一部として、その議会における会派又は議員に対し、政務活動費を交付することができる。この場合において、当該政務活動費の交付の対象、額及び交付の方法並びに当該政務活動費を充てることができる経費の範囲は、条例で定めなければならない。」
　② 　現行の地方自治法 100 条 15 項　「前項の政務活動費の交付を受けた会派又は議員は、条例の定めるところにより、当該政務活動費に係る収入及び支出の報告書を議長に提出するものとする。」

③　現行の地方自治法100条16項　「議長は、第14条の政務活動費については、その使途の透明性の確保に努めるものとする。」

2　政務活動費（旧政務調査費）の使途の問題点

(1)　現行の政務活動費は、旧法の政務調査費と同様の趣旨のものですが、旧法の時代から、「調査研究」以外の使途が問題とされ続けていました。例えば、家族との私的飲食費用の支出、事務所に使用していない親族所有家屋の家賃の支出、高額パソコンの購入費用の支出、観光旅行費用の支出、家族旅行費用の支出のような「調査研究」とは無関係の支出が多く指摘されていました。

(2)　平成24年の地方自治法改正は、都道府県議会議長会等の要望に基づいて改悪されたもので、従来の「調査研究」の目的に限定した規定を「調査研究その他の活動」と変更して、議員の使いやすいように変更してしまったのです。

(3)　政務活動費（旧政務調査費）は、地方議員にとって必ずしも必要ではないものですから、地方自治法でも「条例の定めるところにより」と規定して、この支出には、条例の根拠が必要とされているのです。都道府県の全部と主な市では、政務調査費を支出してきましたが、町村議会の議員には、ほとんど支出されていません。

(4)　政務活動費（旧政務調査費）の違法又は不当な支出に対しては住民監査請求により、違法な支出に対しては住民訴訟によって当該議員に対して返還を求めることになります。全国的には、多くの自治体での住民監査請求の勧告や住民訴訟の判決によって議員に対して返還を求めた例があります。ただ、従来の「調査研究」の目的に限定した規定を「調査研究その他の活動」と変更して、議員の使いやすいように変更してしまったので、今後の住民訴訟では住民の請求が認められるケースが少なくなるものと考えられます。

(5)　平成24年の地方自治法改正により、同法100条16項として「議長は、第14項の政務活動費については、その使途の透明性の確保に努めるものとする」との規定が新設されましたが、新設の趣旨は、従来の住民からの抗議や苦情に応え使途の透明性を図ろうとしたものです。旧政務調査費の場合でも、議会によっては全支出についての領収書を添付して議長に報告書を提出していた

第9章　自治体に関するその他の重要な制度には、どんなものがありますか

自治体もあり、条例の定めがなくても議員によっては全支出についての領収書を添付して議長に報告書を提出していた議員もいました。いずれにしても、情報公開条例によって政務活動費の行政文書の公開請求をして住民が公金の使途の監視活動を続けることが大切です。

索　引

あ　行

委　員	11
委員会	11
異議申立	29, 38, 91
遺失物横領罪	176
上乗せ条例	137

か　行

会議規則	102
戒　告	180
開示請求権	43
解職請求	166
監査委員	4, 189
――の職務権限	190
議　案	132
議員の議案提出権	101
議員の義務	119
議員の権限	117
議員の政務活動費	204
議会の権限	121
基　金	10
偽証罪	178
偽造私文書行使罪	174
恐喝罪	178
行政指導	97
行政処分の取消訴訟	80
行政庁	91
行政手続法	97
行政不服審査法	91
行政文書	24
業務上横領罪	174, 176
業務上過失致死傷罪	178
虚偽公文書行使罪	173
虚偽公文書作成罪	173
虚偽告発罪	183
虚偽の申告	183
決　算	144
減　給	180
検察審査会	185
建造物損壊罪	178
公印偽造罪	178
公印不正使用罪	178
公権力の行使	70, 91
公の施設	194
公文書偽造罪	178
公務員職権濫用罪	174
公有財産	9
公用文書毀棄罪	177
告　訴	169
告　発	169
個人情報	42
――保護条例	42
――保護審査会	43
国会運営委員会	147
国家賠償請求訴訟	70
個別外部監査契約に基づく監査	7

さ　行

再　議	151
債　権	9
裁判官の回避	85
裁判官の忌避	85
裁判官の除斥	85
裁判官の訴追請求	88
詐欺罪	174

索　引

支　出 9
支出負担行為 8
支出命令 8
自治体の長の権限 159
執行機関 160
実施機関 24
指定管理者 191, 194
私文書偽造罪 174
事務の検査 162
住居侵入罪 178
住民監査請求 3
　──ができる者 6
　──の対象となる事項 8
　──の対象となる者 10
住民監査請求書 13
住民訴訟 76
収賄罪 175
主　張 66
守秘義務違反罪 179
傷害罪 177
常任委員会 146
情報公開条例 23
　──による公開請求書 30
情報公開審査会 40
情報公開請求権 23
情報公開請求権者の範囲 25
条　例 137
職　員 11
食糧費 34
処分（行政処分） 97
処分庁 92
審査請求 29, 38, 91
審査庁 92
審査申立書 186
信用毀損罪 178

請　願 51
請願権 51
請願書の書き方 55
請願法 52, 63
政務調査費 204
全員協議会 149
専決処分 154
訴追請求状 89

た　行

地方公務員の義務 198
長 11
懲戒処分 180
陳　情 53
陳情書の書き方 58
通年会期制 131
停　職 180
訂正請求権 43
定例会 129
特別委員会 147
特別公務員職権濫用致死罪 179
届　出 97

は　行

背任罪 177
100条調査権 110
表　決 134
侮辱罪 178
不信任決議 157
不退去罪 178
物　品 9
包括外部監査契約に基づく監査 7
暴行罪 177
保有個人情報 43
　──開示請求権 46

索　引

──訂正請求書……………49	予　算……………………141
──利用停止請求書………50	ら　行
ま　行	立　証……………………66
民事訴訟……………………65	立証責任…………………67
名誉毀損罪………………178	利用停止請求権…………43
免　職……………………180	臨時会……………………130
申　立……………………66	
や　行	
横出し条例………………137	

209

■著者紹介

矢野　輝雄（やの　てるお）

1960年、NHK（日本放送協会）入局。元NHKマネージング・ディレクター。元NHK文化センター講師。市民オンブズマン活動歴20年。現在、矢野行政書士事務所長

〈主要著書〉

「ひとり暮らしの老後に備える」「いじめ・体罰・校内暴力〜保護者の法的対応マニュアル」（以上、信山社）、「特許ノウハウ実施契約Q&A」「知的財産権の考え方・活かし方」（以上、オーム社）、「絶対に訴えてやる！」「刑事事件お助けガイド」「交通事故・対応マニュアル」「生活保護獲得ガイド」「介護保険活用ガイド」「配偶者暴力対策ガイド」（以上、緑風出版）、「これで万全、契約書マニュアル」「これで安心、相続＆遺言」（以上、リベルタ出版）

〈連絡先〉

矢野事務所　電話 087-834-3808　FAX 087-834-3808

行政ウォッチハンドブック

2014年（平成26年）8月30日　第1版第1刷発行
8551-2 P224　¥2000E：012-010-002

著　者　矢　野　輝　雄
発行者　今井　貴　稲葉文子
発行所　株式会社　信山社
総合監理／編集第2部
〒113-0033　東京都文京区本郷 6-2-9-102
Tel 03-3818-1019　Fax 03-3818-0344
henshu@shinzansha.co.jp
笠間才木支店　〒309-1611　茨城県笠間市笠間 515-3
Tel 0296-71-9081　Fax 0296-71-9082
笠間来栖支店　〒309-1625　茨城県笠間市来栖 2345-1
Tel 0296-71-0215　Fax 0296-72-5410
出版契約 No.2014-8551-2-01011　Printed in Japan

©矢野輝雄, 2014　印刷・製本／ワイズ書籍 Miyaz・渋谷文泉閣
ISBN978-4-7972-8551-2 C3332　分類50-323.951-d001
8551-2-01011：012-010-002《禁無断複写》

JCOPY　〈(社)出版者著作権管理機構　委託出版物〉

本書の無断複写は著作権法上での例外を除き禁じられています。複写される場合は、そのつど事前に、(社)出版者著作権管理機構（電話03-3513-6969、FAX03-3513-6979、e-mail: info@jcopy.or.jp）の許諾を得てください。

◇ 好評の入門シリーズ ブリッジブック ◇

法学入門〔第2版〕	南野 森 編	2,300円
先端法学入門	土田道夫・高橋則夫・後藤巻則 編	2,100円
法哲学〔第2版〕	長谷川晃・角田猛之 編	2,300円
憲法	横田耕一・高見勝利 編	2,000円
行政法〔第2版〕	宇賀克也 編	2,500円
先端民法入門〔第3版〕	山野目章夫 編	2,500円
刑法の基礎知識	町野朔・丸山雅夫・山本輝之 編著	2,600円
刑法の考え方〔第2版〕	高橋則夫 編	2,200円
商法	永井和之 編	2,100円
裁判法〔第2版〕	小島武司 編	2,800円
民事訴訟法〔第2版〕	井上治典 編	2,500円
民事訴訟法入門	山本和彦 著	2,600円
刑事裁判法	椎橋隆幸 編	2,000円
国際法〔第2版〕	植木俊哉 編	2,500円
国際人権法	芹田健太郎・薬師寺公夫・坂元茂樹 著	2,500円
医事法	甲斐克則 編	2,100円
法システム入門〔第2版〕	宮澤節生・武蔵勝宏・上石圭一・大塚浩 著	2,700円
近代日本司法制度史	新井勉・蕪山嚴・小柳春一郎 著	2,900円
社会学	玉野和志 編	2,300円
日本の政策構想	寺岡 寛 著	2,200円
日本の外交	井上寿一 著	2,000円

信山社

価格は税別

現代選書

森井裕一 著	現代ドイツの外交と政治	2,000 円
三井康壽 著	大地震から都市をまもる	1,800 円
三井康壽 著	首都直下大地震から会社をまもる	2,000 円
林 陽子 編	女性差別撤廃条約と私たち	1,800 円
黒澤 満 著	核軍縮入門	1,800 円
森本正崇 著	武器輸出三原則入門	1,800 円
高 翔龍 著	韓国社会と法	2,800 円
加納雄大 著	環境外交	2,800 円
初川 満 編	国際テロリズム入門	2,000 円
初川 満 編	緊急事態の法的コントロール	2,000 円
森宏一郎 著	人にやさしい医療の経済学	2,000 円
石崎 浩 著	年金改革の基礎知識	2,000 円

本体価格(税別)

信山社

阿部泰隆
「街の法律家」に必要な法的知識を1冊に

行政書士の業務
――その拡大と限界　本体 1,800 円(税別)

東京大学新聞社 編

東大教師　青春の一冊
本体価格：８２０円（税別）

水谷英夫

感情労働とは何か
〈信山社新書〉

《人 VS 人》社会を生き抜くための感情管理労働

本体価格：９８０円（税別）

――― 信山社 ―――

◇ 法律学講座 ◇

憲法講義（人権）
赤坂正浩

行政救済法
神橋一彦

信 託 法
星野　豊

防 災 法
生田長人

国際労働法
小西國友

実践国際法
小松一郎

外国法概論
田島　裕

アメリカ契約法
田島　裕

国 会 法
白井　誠

―― 信山社 ――

ひとり暮らしの老後に備える
矢野輝雄 著

いじめ・体罰・校内暴力
保護者の法的対応マニュアル
矢野輝雄 著

信山社